LE DÉCLIN DE L'EMPIRE HUMANITAIRE

Perspectives stratégiques
Collection dirigée par Camille Grand

La Fondation pour la recherche stratégique (FRS) a pour objet de développer le débat et les recherches stratégiques en France et de faire rayonner la pensée française en matière de politique de défense et de sécurité. Ses travaux englobent les dimensions les plus variées relatives à la défense (questions militaires, technologiques, mais aussi touchant au terrorisme et aux nouvelles menaces). Disposant d'une équipe de recherche du plus haut niveau, elle s'appuie aussi sur un réseau de chercheurs étrangers dont elle cherche à faire connaître les travaux. La collection *perspectives stratégiques* est héritière de l'activité des centres de recherche dont la fusion en 1998 a concouru à la création de la FRS.

Déjà parus

Gilles BOQUERAT, Isabelle FACON, Valérie NIQUET, Clément THERME, *L'Afghanistan dans son environnement régional. Acteurs et stratégies nationales*, 2016.
Abdennour BENANTAR, *Le Moyen-Orient en quête d'un ordre régional (1945-2000)*, 2015.
Brahim SAIDY, *L'Otan et le Maghreb*, 2014.
Jean-Yves MOISSERON, Mohamed HADDAR (Dir.), *La transition économique en Tunisie*, 2012.
P. BECKOUCHE, Z. LUÇON, A. TAITHE, *L'eau en Méditerranée : fonder une stratégie commune. Services de l'eau, climat et sécurité*, 2010.
François BARLIER (coord.), *Galileo. Un enjeu stratégique, scientifique et technique*, 2007.
Jean-Jacques PATRY, *L'ombre déchirée, la puissance aérienne contre la terreur*, 2007.
Jean-François DAGUZAN et Hélène MASSON, *L'intelligence économique. Quelles perspectives ?*, 2004.

Jérôme Larché

LE DÉCLIN DE L'EMPIRE HUMANITAIRE

L'humanitaire occidental à l'épreuve de la mondialisation

Préface de Michel Terestchenko

L'Harmattan

5-7, rue de l'École-Polytechnique, 75005 Paris

http://www.editions-harmattan.fr

ISBN : 978-2-343-11583-2
EAN : 9782343115832

Sommaire

Préface

Michel Terestchenko

Le récit bouleversant publié par Jérôme Larché de sa rencontre, en 2011, avec les toxicomanes de Kaboul, la description de leurs effroyables conditions de vie, dans les égouts et les souterrains de la ville, annonçaient ce qu'on pouvait attendre d'humanité chez un médecin qui n'hésitait pas à se rendre, avec son équipe, dans les lieux les plus déshérités de la terre et à apporter soin et aide à ceux que plus personne ne distinguait des déchets et des immondices au milieu desquels ils survivaient. Ces damnés n'avaient rien de l'attrait qui attire le regard des médias vers les victimes des guerres et des catastrophes naturelles, lorsque leur détresse est assez spectaculaire pour être montrée et faire un « sujet », comme on dit. Mais au-delà de la bienveillance de l'homme et de la compétence du praticien se voyait déjà tout le jeu agile dont l'humanitaire doit faire preuve en des circonstances qui sont toujours particulières : avec la police qu'il faut « intéresser » à la présence de médecins pour que cessent la brutalité, le racket, l'exploitation ; avec les personnes elles-mêmes, dégradées, perdues dans leur errance fantomatique, mais toujours pleinement humaines ; avec la nature même du soin qui commencera, en l'occurrence, par la distribution de seringues stérilisées – c'est à chaque fois, une difficile négociation avec le réel qui est exigée où les principes de la morale ont peu de part et l'intelligence de la situation beaucoup.

De ces années de pratique en Afghanistan et sur de multiples théâtres d'opération, Jérôme Larché n'a pas tiré la tranquille leçon qu'il serait temps pour lui de cultiver son jardin et de laisser les hommes à leur incurable capacité de se faire souffrir. Ce qu'il a vécu, il faut encore qu'il le pense, qu'il tire de ce matériau personnel une réflexion théorique plus générale et plus vaste. Ce qu'il nous livre aujourd'hui, c'est le résultat d'un travail intellectuel, mené de longue haleine, où les disciplines se croisent – l'histoire, la sociologie, la science politique, la philosophie, mais aussi l'économie et la santé publique –, puisque aucune ne suffit à dire la complexité de pratiques aux prises avec des résistances et des obstacles qu'il faudra toujours vaincre, mais que la meilleure stratégie ne parviendra pas toujours à surmonter, ou alors au prix de compromis, sinon de concessions, qui vous font perdre votre innocence.

Le regard critique que l'auteur porte sur la réalité *in concreto* de l'assistance humanitaire et les multiples pièges qui la guettent est sans concession. Là réside son plus grand mérite. Voici, tout d'abord, ces oppositions qui viennent de l'extérieur – les multiples formes de récupération politique ou encore la nécessité de composer avec toutes sortes d'acteurs, étatiques ou non, peu intéressés, voire hostiles à cette cause – mais aussi les contradictions qu'elle génère en son sein : ne participe-t-elle pas, à sa manière, au grand processus libéral de la mondialisation plutôt que de le remettre en cause, lui apportant simplement une sorte de correction à la marge ?

La documentation très riche et précise nourrit des analyses lucides, dont l'honnêteté pourrait avoir quelque chose de désabusé, mais qui ne l'est jamais. Certes, nous parcourons avec l'auteur la scène dévastée du monde où le mal est plus souvent le fait de l'homme que de la nature. Mais de ces souffrances, de ces misères que les organisations humanitaires s'efforcent de prendre en charge et de soulager, non sans ambiguïtés, il s'agit, en somme, de ne jamais s'accommoder. Aussi est-ce, au bout du compte, un message d'espérance que Jérôme Larché nous délivre. Et cette leçon est d'autant plus encourageante qu'elle ne s'épargne rien de ce qui jour après jour, avec une sorte de répétition lancinante, vient contrarier la mise en œuvre d'une éthique universelle du soin. Ce livre, oui, est un bel exercice de courage.

Prologue

Cet essai est d'abord dédié aux populations civiles victimes de conflits, de catastrophes socio-naturelles ou de discriminations, et dont la capacité de résilience est souvent sous-estimée. Quant aux acteurs humanitaires, dont la présence reste aujourd'hui souvent indispensable pour défendre les droits humains essentiels de ces populations devenues vulnérables, je revendique avec fierté de faire partie de leur famille.

Parler d'un « *déclin de l'empire humanitaire* » pourrait être considéré comme une posture alarmiste et une provocation à l'encontre de ceux qui, quotidiennement, travaillent auprès de populations vulnérables ou stigmatisées. Ce n'est pas mon intention et c'est pourquoi cet essai entend se fonder sur des éléments d'appréciation les plus objectifs possibles. Même si un exemple ne construit pas une théorie, la situation actuelle en Syrie, l'une des crises ayant entraîné le plus grand nombre de personnes déplacées et réfugiées, montre clairement les limites du modèle d'intervention humanitaire occidental. En effet, malgré plus de 310 000 morts (à l'heure où cet ouvrage est imprimé), de multiples dénonciations internationales et une déstabilisation régionale, seules de très rares ONG ont pu véritablement agir sur ce terrain ou même infléchir par leur plaidoyer, l'agenda politique et le sort des populations syriennes soumises aux exactions du régime de Bachar el-Assad, aux opérations insurrectionnelles – parfois indiscriminées – d'une rébellion nébuleuse, et à l'extrémisme effrayant de l'État islamique.

Les thématiques abordées dans ce livre expriment une volonté de décloisonnement des disciplines, de compréhension systémique des enjeux et de leur articulation. Volontairement transversal et transdisciplinaire dans son approche, cet ouvrage reflète aussi la diversité de mon parcours personnel et professionnel. Médecin, acteur humanitaire – sur le terrain et dans des cadres plus institutionnels –, enseignant en science politique, j'ai voulu partager mes interrogations profondes plutôt que des réponses toutes faites. Associer la philosophie, la science politique, la sociologie, l'histoire, l'économie et la santé publique, me paraissait pertinent pour construire un cadre d'analyse acceptable à la problématique posée. Cet essai se veut d'abord une itinérance, le récit de réflexions, d'échanges et d'expériences de terrain en zones de conflits et de catastrophes naturelles, sur ce qu'a été, et devient, l'engagement humanitaire. Il est aussi composé de textes dont certains ont été préalablement, et individuellement, publiés sur le site internet de Grotius International[1], fondé par Jean-Jacques et Geneviève Louarn. J'ai choisi de les utiliser pour souligner leur cohérence globale, même lorsque les sujets traités étaient bien différents. Alliant des aspects théoriques à la réalité du terrain, cet ouvrage entend mobiliser des savoirs multiples et évolutifs pour susciter une prise de distance critique avec des conclusions supposées évidentes et éviter l'écueil d'un « *haut degré de généralité* [qui] *permet une réception de plain-pied,* [mais] *dont se priverait un examen pointilleux et contradictoire des réalités*[2] ». Au-delà de l'argumentation sur cet *empire en déclin*, cet ouvrage vise aussi à apporter des éléments de compréhension sur les comportements des acteurs humanitaires non gouvernementaux et sur les structures, gouvernementales comme entrepreneuriales, qui tentent parfois d'instrumentaliser l'humanitaire à des fins politiques ou économiques. Ce « nouvel environnement », qui impacte aujourd'hui directement la sécurité et la capacité des humanitaires à remplir leur mandat d'assistance aux populations en situation de vulnérabilité, contribue-t-il à favoriser le déclin d'un modèle jusque-là dominant ?

Il est permis d'évoquer à présent un « *empire humanitaire* » occidental, car il a façonné depuis plus de quatre décennies le cadre épistémologique et opérationnel de l'humanitaire, avec des normes quasi-impériales diffusées à l'échelle mondiale. Les changements

[1] www.grotius.fr
[2] R. Debray, *Du bon usage des catastrophes*, Éditions Gallimard, 2011.

d'équilibre (géopolitique, économique, voire culturel) issus de la mondialisation s'opérant désormais entre pays occidentaux et ceux notamment situés sur le continent asiatique, suggèrent que le temps de cette domination absolue est révolu. J'assume par avance les critiques qui pourront être faites sur le manque de neutralité de certains passages mais, à l'instar de ce que pense Max Weber, la réelle neutralité d'une production en sciences sociales me semble illusoire. À l'aide d'exemples très concrets, je souhaite mettre en évidence l'indispensable « aller-retour » entre des logiques théoriques et normatives, et des expériences vécues, toujours plus complexes et contradictoires. Peut-on « *interpeller la mondialisation* »[3] (et certains de ses effets néfastes) plutôt que la nier, et reconnaître que les ONG humanitaires en sont désormais un des rouages, au prix de nombreux effets collatéraux ? En évitant toute approche moralisante ou idéologique, l'idée de cet essai désenchanté est de réinsérer le monde humanitaire dans la réalité contemporaine en montrant ses faiblesses et ses contradictions, tout en participant à la réflexion collective de solutions de renforcement et d'alternatives possibles.

Enfin, pour souligner le respect que j'ai pour le travail des acteurs humanitaires et pour les populations qui interagissent avec eux, je voudrais vous raconter, en préambule, un épisode important dans ma vie d'humanitaire, celui de l'enfer des toxicomanes de Kaboul. Au cours du mois de décembre 2010, je me suis rendu en Afghanistan, auprès de l'équipe de Médecins du Monde (MDM) à Kaboul. Ensemble, nous avons rencontré les toxicomanes de la capitale afghane, ceux qui sont dans la rue et ceux que MDM a déjà pris en charge. Ce témoignage leur est collectivement dédié...

Avec plus de 5 000 seringues échangées, une centaine de patients hospitalisés pour des durées courtes, plus de 70 patients sous méthadone, des heures entières de discussion avec ces « usagers » et un courageux travail de plaidoyer auprès des différentes autorités concernées (santé, police...), MDM apporte aux problèmes liés à la toxicomanie en Afghanistan un début de

---

[3] H. Rouillé d'Orfeuil, *La diplomatie non gouvernementale*, Éditions Charles Léopold Mayer, 2006.

réponse opérationnelle, ainsi qu'une méthodologie déjà expérimentée avec succès en France et en Serbie.

On estime que l'Afghanistan, qui produit actuellement plus de 90 % de l'opium mondial, compte 1 million de toxicomanes. Si certains d'entre eux sont restés dans les zones productrices, beaucoup sont désormais présents sur Kaboul et la fermeture du Centre Culturel russe, où ils se regroupaient autrefois, n'a fait que renforcer leur isolement et leurs difficultés. Depuis plus de 4 ans, cinq fois par semaine, les équipes de MDM parcourent Kaboul dans les endroits où se réfugient spécifiquement les toxicomanes, populations vulnérables parmi les vulnérables. Comportant une majorité d'hommes vivant dans des conditions extrêmes, ils sont soumis à une véritable exclusion sociale et sanitaire.

Quotidiennement, les équipes afghanes de MDM arpentent les zones dans lesquelles ils s'abritent et survivent. L'une d'entre elles sont les canaux à ciel ouvert d'évacuation des égouts de la ville. Reposant à même le sol, au milieu des détritus et des matières fécales, dans des *patous* (châles de laine typiques en Afghanistan) ou sous des couvertures sales, ils s'injectent ou « sniffent » leur dose d'héroïne, qui coûte de 3 à 5 dollars US le gramme. On trouve parmi eux des Pachtouns, des Ouzbeks, des Tadjiks, ou encore des Hazaras. Dans cette diversité ethnique, la plupart ont une vingtaine d'années, certains sont plus âgés… et d'autres bien plus jeunes. Beaucoup d'entre eux, notamment les Hazaras, ont débuté leur toxicomanie en Iran, où ils étaient allés chercher du travail. Un dialogue précaire, mais de confiance, a pu s'instaurer avec les travailleurs des rues de l'ONG française, souvent d'anciens toxicomanes. Ils discutent avec eux, les réconfortent, leur donnent des kits de seringues propres et leur permettent d'accéder à des soins de petite nécessité et au programme de substitution à la méthadone.

Un peu plus loin, nous rencontrons d'autres toxicomanes, sous le « Pulisorta Bridge », au-dessus duquel passe un flot incessant de voitures et de piétons, absolument indifférents à la vie souterraine qui se déroule sous leurs pas. Dans une pénombre d'enfer et un froid glacial, les signes de vie se devinent à des nuages intermittents de buée humaine et aux scintillements discrets des feuilles d'aluminium dans lesquels la drogue est chauffée puis inhalée. Brutalement, des policiers apparaissent, chassant avec leurs pieds les hommes accroupis et leur criant des paroles agressives. Nos équipes s'interposent alors avec calme, expliquant la nature du travail en cours. Se ravisant dans leur attitude ouvertement hostile, les policiers, dont il est avéré qu'un nombre non négligeable d'entre eux sont toxicomanes, ordonnent à trois *drug users* de les suivre. Je comprends alors qu'il ne s'agit pas d'une arrestation, mais que ces hommes sont réquisitionnés par la police pour effectuer toute une série de tâches ménagères au sein même du poste de police ! Après avoir été corvéables à merci, ils seront « libérés » à la fin de la journée, et ces réquisitions parfaitement illégales se déroulent ainsi quotidiennement…

Ce jour de décembre, d'autres hommes se sont regroupés dans un canal d'évacuation d'égout semi-gelé de Kaboul, accroupis comme le font habituellement les habitants du sous-continent indien et en train de s'injecter leur dose. Là encore, l'irruption brutale de la police interrompt le calme relatif qui s'était instauré entre eux et nous. Cette fois-ci, les policiers ont dans l'intention de saisir l'argent et les téléphones portables, une pratique très habituelle de racket et de corruption envers ces populations déjà fortement précarisées. Notre présence et notre intervention négociée mettent fin à ces demandes et les policiers repartiront – pour une fois – bredouilles. Le dernier endroit visité s'appelle Doshaw, un quartier populaire du centre-ville de Kaboul. Semblables à des termitières géantes, sont rassemblées les briqueteries, grands fours aux dômes arrondis, qui possèdent, dans leurs contrebas, des galeries creusées pour trouver l'argile nécessaire. Dans ces anfractuosités troglodytes, semi-naturelles et semi-industrielles, se cachent des centaines de toxicomanes. Il faut plonger dans ces grottes sombres pour les voir, et l'on perçoit que leur premier sentiment est de la crainte. Ils vivent réellement sous terre et forment, la nuit, une « ville-vie » souterraine. L'un d'entre eux me montre une plaie de la main infectée extrêmement profonde, ainsi qu'une plaie du cuir chevelu de plusieurs centimètres. Après avoir effectué les premiers soins, je reçois de sa part un sourire édenté gratifiant, qui ne résout pourtant pas la difficulté de sa situation ni celle de ses semblables, soumis à des violences récurrentes de la part des policiers et du voisinage, et n'ayant aucun accès au système de soins afghan.

En effet, au-delà de la prise en charge de la toxicomanie et d'une indispensable stratégie de réduction des risques associant échange de seringues puis substitution par la méthadone, nous faisons le constat terrible que cette population est ostracisée au point de se voir refuser systématiquement l'entrée des hôpitaux publics de la ville. Inadmissible sur le plan déontologique, cette attitude des personnels soignants est pourtant le reflet d'une réalité, celui d'une perception négative vis-à-vis de personnes qui ne comptent pas. Un argument médical (état du patient trop grave ou pas assez grave, médicaments ou moyens nécessaires pour traiter la pathologie causale non disponibles…) est toujours subtilement avancé pour justifier le refus, mais la réalité brute est que MDM n'avait, à cette époque, jamais pu faire admettre un seul patient toxicomane dans une structure publique hospitalière de Kaboul.

Néanmoins, les choses bougent et il semble que le ministère de la Santé commence à se préoccuper de l'impact sanitaire lié à la toxicomanie, notamment sur le plan de l'épidémie à VIH et des infections liées au virus de l'hépatite C. Les relations avec le Département de Lutte contre les Narcotiques, ministère de référence pour l'importation de méthadone, sont par contre plus tendues, pour deux raisons principales. La première est que leurs priorités se focalisent plus dans la lutte contre le trafic des stupéfiants que dans les effets sanitaires de ce trafic, la deuxième étant que beaucoup de médecins de ce ministère travaillent aussi dans des cliniques privées de *détoxification*, c'est-à-dire en fait un sevrage brutal, avec une rémunération de l'ordre de 250 dollars US par patient. Involontairement, l'action de MDM s'est donc mise en concurrence avec ce « business » local, lucratif mais inefficace, puisque le taux de rechute des usagers d'héroïne traités avec cette méthode est proche de 100 %.

Que ce soit dans les canaux d'égouts, au milieu des poubelles sous les ponts de Kaboul, ou encore dans de véritables termitières géantes creusées par l'homme, ils sont là, entre eux, à partager au su de tous leur dose d'héroïne. Être à leur contact, discuter avec eux pendant leur « shoot », être témoin des manœuvres d'intimidation, de racket, voire de travail forcé de la part de la police, est pourtant d'une violence émotionnelle insoupçonnable. En effet, malgré leur situation, ces hommes ne sont pas éteints. Ils recèlent encore une humanité intacte, alors que leur environnement et leurs conditions de vie sont d'un dénuement total.

Introduction

« Les philosophes n'ont fait qu'interpréter le monde de différentes manières, ce qui importe, c'est de le transformer ».

Karl Marx

« *Arrête de rêver, sois concentré* », « *Ne prends pas tes rêves pour de la réalité* », combien de fois chacun d'entre nous n'a-t-il pas entendu ces petites phrases, aussi bien dans sa vie personnelle que professionnelle ? Dans une société où les sollicitations sensorielles surgissent de toute part et où les nouveaux moyens de communications ont aboli les frontières géographiques et temporelles, on ne laisse plus beaucoup de temps à la rêverie et à ces voyages intérieurs qui ne mènent nulle part sinon à nous-mêmes. Il est pourtant scientifiquement prouvé que les personnes qui prennent encore le temps de « rêvasser », en s'isolant des stimuli externes, sont capables plus que les autres de réfléchir et de résoudre des problèmes complexes. Il semblerait en effet que ce voyage intérieur, sans but apparent, stimule une zone bien précise, le cortex préfrontal moyen, qui améliore la rigueur du travail cérébral. Cette découverte scientifique, belle en soi, car elle effeuille la complexité biologique de l'Homme avec un zeste de poésie, appelle quelques remarques. Tout d'abord, elle signifie que tous nos efforts pour rester connecté (télévision, téléphone portable, Internet…) sont plus, en définitive, des éléments de déconnexion au monde réel qui nous entoure, que des outils d'écoute et de compréhension. Elle renforce aussi la nécessité de créer de vrais espaces d'échanges et de réflexion, dont le désordre apparent peut laisser place à une pensée féconde. Enfin, elle réaffirme, en cette période de crise globale peu portée à l'optimisme, que le rêve est le propre de l'Homme, et que le temps passé à rêver nous est précieux et indispensable. L'engagement humanitaire tient de ces rêves et de cette utopie.

Bien que les moyens humains, opérationnels et financiers humanitaires déployés à travers le monde et ses « théâtres » n'aient jamais été aussi imposants, le sens et la lisibilité de ces actions de solidarité ne se sont pas renforcés. Au contraire, l'environnement dans lequel évoluent désormais les acteurs humanitaires (ce que certains appellent à tort, *l'espace humanitaire*) s'est profondément modifié, devenant de plus en plus complexe et protéiforme. Le phénomène mondial de globalisation, qu'il soit géopolitique, financier ou sociétal, a atténué ce qui faisait figure autrefois de frontières. En ce sens, les humanitaires « *sans frontières* » sont devenus aussi des objets de la mondialisation et, comme le pressent Norbert Elias[4], la société est avant tout le miroir collectif de chaque individu. Cette phase de mutation accélérée de l'histoire, provoquée notamment par les flux d'informations disponibles, a modifié les perceptions des uns et des autres. À défaut de provoquer la « *fin de l'histoire* » comme le prédisait Francis Fukuyama[5], elle en a écrit une autre. Elle correspond aussi à un glissement progressif, mais inexorable, des centres de puissance[6], notamment du monde occidental aujourd'hui dominant, vers le monde oriental, et en particulier l'Asie. Pour ces raisons, l'action humanitaire est donc, sans conteste, un *fait social* qui ne peut se jauger uniquement du point de vue opérationnel et dont le sens mérite d'être reconsidéré. Dans cette perspective, imaginer le futur de l'humanitaire n'est envisageable qu'en ayant analysé le passé et compris le présent.

Si l'action humanitaire prend ses racines dans toutes les religions du Livre, voire même dans l'Antiquité, sa conception « moderne » puise sa source dans la philosophie des Lumières, et son caractère opérationnel, dans la création de la Croix-Rouge par Henri Dunant, sur les champs de bataille de Solferino. L'épopée des *french doctors*, qui démarra lors du conflit au Biafra, a également marqué de façon indélébile l'évolution de l'humanitaire au XXe siècle et imposé un modèle occidental dominant, *imperium* de plus en plus remis en cause aujourd'hui. En effet, la diversité

---

[4] Écrivain et sociologue allemand (1897-1990). Voir notamment *La société des individus*, Fayard, Paris, 1991.

[5] F. Fukuyama, *La fin de l'histoire et le dernier homme*, Éditions Flammarion, 1992.

[6] La « puissance », en science politique, se définit comme la capacité d'un État à agir en vue de conserver et consolider ses intérêts.

des acteurs et des terrains sur lesquels interviennent (ou essayent d'intervenir) les humanitaires, crée une matrice de plus en plus complexe. S'il est bien vrai que « *tout empire, périra*[7]», et que les naissances comme les morts des empires ont parfois valeur explicative, pourquoi aborder cette question d'un possible déclin humanitaire aujourd'hui ? Parce que le contexte s'y prête, indiquant « *la force brutale et péremptoire du changement, l'interaction soudaine d'événements hétérogènes, autrement décisifs que l'engrenage des causes profondes*[8] ». Plus qu'une raison principale identifiée, c'est la conjonction simultanée de plusieurs enjeux, internes ou externes à l'empire, qui crée en définitive sa chute. Les théories du déclin sont souvent des théories de la décadence, qu'elle soit morale, politique, ou économique, et le plus souvent concomitantes. En filigrane, elles portent en elles la contestation mais aussi la nécessité de réformes. Parfois justifiées, parfois infondées, elles procèdent de la nécessaire lecture critique à avoir envers tous corps hégémoniques, plus que d'une quelconque vision fataliste. L'empire humanitaire peut d'ailleurs être considéré comme un « empire informel », portant en lui la flexibilité et la souplesse indispensables à toute évolution.

Je vous invite à réfléchir, dans un premier temps, à ce qui a pu constituer les *prémices du déclin* de cet humanitaire moderne, humanitaire symbolisé par la rupture avec la neutralité dans les conflits du Biafra et de l'Afghanistan. On verra de quelle façon les ONG se sont adossées aux principes de l'action humanitaire et comment ceux-ci ont permis de dessiner un cadre éthique à la fois individuel et collectif. La question des valeurs et des principes, ainsi que leur caractère supposé universel, sera bien sûr abordée pour montrer combien, malgré le discours institutionnel des ONG, leur mise en pratique reste une véritable gageure opérationnelle. Leur remise en cause par de nombreux acteurs et parfois d'abord par les populations elles-mêmes, constitue-t-elle aussi les prémices d'un déclin de cet empire humanitaire ? L'incapacité des ONG humanitaires (et notamment occidentales) à reconnaître certains de ces enjeux (et donc à y apporter des solutions adaptées), la

---

[7] *Naissance et mort des empires*, Ouvrage collectif, Éditions Tempus, 2004.

[8] Ibid.

minimisation des perceptions altérées et la confusion (parfois volontaire) induite par des acteurs non humanitaires, ont-elles conduit à une perte d'influence et à une dé-légitimisation progressive du modèle humanitaire dominant ? De même, sera abordée l'émergence de « nouvelles » valeurs, telles que la transparence et la redevabilité (*accountability*[9] en anglais). Quelles sont aujourd'hui leur signification et leur acculturation par les acteurs du champ humanitaire ? Quels acteurs en sont comptables, et envers qui ? Ces nouveaux concepts, bientôt érigés en nouveaux principes, sous la pression notamment des ONG anglo-saxonnes et nordiques, représentent-ils véritablement un gain pour les bénéficiaires et les acteurs de l'aide humanitaire ? Pour illustrer cette difficile confrontation des principes aux réalités du terrain, un certain nombre de crises – qu'ils s'agissent de conflits armés (Darfour, Libye, Syrie…), de catastrophes naturelles (Haïti, Pakistan) ou industrielles (Fukushima) – seront analysées. Dans ces contextes délicats, nous verrons comment – et par qui – les principes cardinaux de l'action humanitaire – humanité, impartialité, indépendance et neutralité –, érigés pourtant en socle éthico-opérationnel incontournable, ont été fragilisés. La question des catastrophes naturelles revêt une grande importance car leur nombre est en augmentation constante, tout comme leurs conséquences humaines, économiques et politiques. Un focus particulier sera consacré à Haïti et au tremblement de terre de janvier 2010 qui a durement frappé ses habitants. Je m'attacherai à démontrer qu'il s'agit plus d'une catastrophe sociale que naturelle, et que cet épisode tellurique a fait émerger d'autres failles, qui ne sont pas seulement d'ordre géologique. La survenue de catastrophes industrielles, comme celle de Fukushima, doit également interroger le monde occidental sur ses capacités organisationnelles et financières à répondre à de tels événements. En effet, des puissances économiques majeures (comme le Japon ou les États-Unis) se sont révélées impuissantes face à ces catastrophes humanitaires de grande ampleur survenant dans leur propre pays.

---

[9] « Humanitarian Accountability », *Humanitarian Exchange*, n° 52, octobre 2011.

Dans une deuxième partie, l'accent sera mis sur les *catalyseurs du déclin*, en s'appuyant sur l'étude des théories politiques et économiques néolibérales pour aborder ce que je qualifierais de déterminants de la « géopolitique du néolibéralisme ». L'évolution des mécanismes de financements de la solidarité, et en particulier de l'humanitaire, s'adapte de plus en plus aux mentalités et aux pratiques néolibérales, pourtant souvent pourfendues par les mêmes ONG qui se fondent dans le système. Bien que primordial, le partenariat entre les ONG et l'agence européenne dédiée à l'aide humanitaire, ECHO, est fragilisé par les contraintes économiques de la crise financière et la volonté de plus en plus affichée des États d'en faire un outil de politique extérieure, plus que de solidarité. L'irruption massive, et souvent méconnue, du secteur privé lucratif dans le financement de l'aide (humanitaire et du développement), tout comme l'utilisation croissante des nouvelles technologies de l'information et de la communication, seront étudiées. Hormis l'aspect économique, d'autres facteurs plus géopolitiques ont pu être identifiés comme catalyseurs du déclin. Je citerai notamment la question de la sécurité des acteurs humanitaires, devenue pour certains un nouveau paradigme. Nous verrons qu'il s'agit bien d'une réalité, mais qu'elle est localisée, et non généralisée, à certains terrains de conflits identifiables (Afghanistan, Darfour, Somalie,...). Elle paraît liée aux perceptions contemporaines des acteurs humanitaires par les populations et de nombreux groupes armés, mais il n'est pas sûr que les réponses normatives apportées par les ONG, sous la pression des bailleurs et des gouvernements, soient les plus adéquates. D'autre part, la « guerre globale contre la terreur » initiée par G. W. Bush au lendemain des attentats du 11 septembre 2001 a modifié sensiblement les stratégies anti-terroristes, plaçant les humanitaires en étau entre un « choc des perceptions » et « un choc des civilisations ». De nombreux exemples, en Afghanistan ou Nord-Mali, viendront étayer l'hypothèse selon laquelle l'instrumentalisation politique de l'humanitaire dans le cadre de la lutte anti-terroriste a pu avoir comme conséquences une limitation de l'accès aux populations et une majoration des risques encourus pour les acteurs humanitaires[10]. La dernière partie de ce chapitre tentera de montrer comment l'essor des entreprises militaires et de sécurité privées constitue aujourd'hui à la fois l'accaparement néolibéral d'une fonction régalienne, mais aussi une menace pour les ONG et les acteurs du maintien de la paix. Les ONG, qui critiquent avec véhémence – et souvent avec de bons arguments – les effets délétères de cette globalisation néolibérale, en sont-elles devenues paradoxalement des « objets » voire des promoteurs actifs ?

Dans une troisième partie, nous verrons ensemble comment les acteurs humanitaires et les États occidentaux sont devenus des *acteurs du déclin*, par les dilemmes et confusions qu'ils n'ont pas su – ou pas voulu – surmonter. L'absence de maturité et de clarté dans les relations entre États et ONG, tout comme les manquements aux principes éthiques de la part de certains États occidentaux, sont des freins à des interactions constructives entre ces acteurs. La « saine distance » nécessaire entre humanitaires et militaires a, elle aussi, parfois fait défaut, entraînant un brouillage des frontières entre ces acteurs et modifiant les perceptions. Nous procèderons à une analyse critique des « approches intégrées » (ou approches globales), considérées pourtant comme un nouveau paradigme politico-opérationnel et défendues par la plupart des gouvernements occidentaux et des organisations intergouvernementales (que ce soient les Nations Unies, l'OTAN, ou l'Union européenne). Utilisant tous les leviers disponibles (militaire, diplomatique, économique, développement et action humanitaire) en vue d'obtenir un « *effet final recherché* » commun à tous, cette stratégie possède un ratio bénéfice/risque très discutable, au vu des multiples confusions induites et de sa faible efficacité documentée en termes de résolution de crises. Les enjeux de corruption et de transparence, tout comme l'articulation délicate entre acteurs humanitaires et militants des droits de l'Homme, seront aussi abordés. Enfin, nous discuterons de l'accélération du

[10] Les attentats de Paris survenus le 13 novembre 2015 ont fait de l'organisation État islamique (Daech) le nouvel ennemi global et les discours du Président français François Hollande sont superposables à ceux tenus par G.W. Bush aux lendemains des attentats du 11 septembre 2001.

temps, attribut de la modernité, et de ses conséquences sur l'action humanitaire.

L'humanitaire contemporain, entré en résonance avec les changements de cap néolibéraux – tant sur le plan économique que sur celui des relations internationales (avec notamment la contestation du monopole de l'État sur les questions de gouvernance et de sécurité) –, a été à la fois impacté et nourri par ces derniers. La domination occidentale dans le domaine humanitaire ne suffit plus à cacher les faiblesses, insuffisances et contradictions de cet empire globalisé. Son déclin, tant sur les valeurs que sur les pratiques, est accentué par des revendications d'identités humanitaires alternatives provenant notamment des continents asiatique, indien ou du Moyen-Orient. Cela signifie-t-il pour autant sa disparition annoncée ? L'« empire-monde » états-unien, à la fois plus fort et plus vulnérable que jamais, très décrié, a souvent été donné pour chancelant mais il ne rompt pas. L'Union européenne, confrontée à une crise identitaire majeure, risque de subir le même sort que la République romaine. Cela témoigne donc de la difficulté à énoncer la chute à venir d'un empire quel qu'il soit, même si les indicateurs de sa chute paraissent solides. Face à ce déclin, au moins perçu, de l'empire humanitaire occidental, des regards alternatifs sont désormais possibles et indispensables, tout comme une *re-connaissance* des savoirs humanitaires. À l'aide de la sociologie de la systémique et d'une réflexion sur la place des savoirs dans ce début de XXIe siècle, nous examinerons ce qui pourrait constituer un *humanitaire complexe* contemporain, transdisciplinaire, plus émancipé, destiné à infléchir avec réalisme les tendances croissantes de technicisation dépolitisée des ONG, de leurs mécanismes de financements d'inspiration néolibérale et de leur potentielle instrumentalisation politique lorsqu'elles participent à des approches intégrées.

Chapitre I

Les prémices du déclin
Des principes humanitaires aux réalités du terrain

« Ce monde souffre –
Même les herbes le disent
Qui se courbent au couchant »

Kobayashi Issa

Les prémices du « *déclin de l'empire humanitaire* » semblent liées aux coups portés contre les principes fondateurs de l'action humanitaire moderne. Principes qui, aux yeux de l'opinion publique, des médias ou des décideurs politiques, la rendent légitime. La fragilisation, comme l'instrumentalisation de certains de ces principes a des causes à la fois structurelles et conjoncturelles dans lesquelles de nombreux acteurs – humanitaires, bailleurs, politiques et militaires – portent une responsabilité. Avant de parler des difficultés de leur mise en œuvre ou de leurs dérives, il convient de les réexaminer dans leur signification propre, mais aussi dans les cadres éthiques, individuel et collectif, que chaque organisation humanitaire est tenue de rendre identifiables pour ses membres et les populations auxquelles elle s'adresse.

Principes et éthiques de l'action humanitaire moderne

La visibilité médiatique et la portée symbolique des actions des *french doctors* pendant la guerre du Biafra ont permis de poser les bases éthiques et opérationnelles du courant des « sans-frontières » qui a irrigué l'humanitaire, depuis 1968 jusqu'à ces dernières années. Aujourd'hui, la multiplicité et l'enchevêtrement des acteurs sur les terrains complexes, et notamment de conflits, imposent de nouveaux questionnements. Comme souvent dans des situations difficiles, l'une des solutions consiste à revenir aux fondamentaux – à ce qui fait sens –, surtout lorsque le cadre dans lequel s'inscrit la problématique est lui-même remis en cause. L'action humanitaire moderne, au-delà de la nécessité (et de l'obligation) de s'adapter aux nouveaux contextes, doit également réaffirmer son identité. En effet, ne parle-t-on pas aujourd'hui aussi bien d'*humanitaire* que d'*action humanitaire* ? Si le substantif a pu supplanter ou, au moins, devenir le corollaire de l'adjectif, c'est qu'il y a justement plus que de l'action dans l'humanitaire. En dégager une lecture critique, c'est aussi s'interroger sur ce qu'il y a *avant* l'action. La motivation, le sens et la signification préalables donnés au geste à venir paraissent ainsi primordiaux, sauf si l'on estime, comme dans la pure tradition réaliste, que « la fin justifie les moyens ». Il existe donc une éthique humanitaire à redéfinir et à clarifier, car elle fonde le sens des actions menées.

Éthiques de l'action humanitaire

Si la philosophie a souvent fait le lien entre éthique et humanité, serait-ce parce que cette situation où chacun se retrouve seul face à sa propre conscience est indiciblement liée à notre propre condition d'humanité, ce lien fort qui lie tous les êtres humains ? Au-delà du raisonnement philosophique abstrait, la (les) réalité(s) vécue(s) sur le terrain nous enseignent que des choix cruciaux relèvent de décisions individuelles qui nécessitent un travail sur soi, indépendamment des cadres moraux ou juridiques « externes ». La complexité grandissante des contextes[11] dans lesquels s'inscrivent les acteurs humanitaires et la nécessité d'en saisir les clefs de lecture historiques, géographiques, anthropo-sociologiques, économiques et politiques, rendent aujourd'hui l'application – comme la justification – de lois « universelles » très délicate.

Aristote a décrit comme complémentaires ce que l'on pourrait qualifier d'éthiques individuelle et collective. Au-delà de la

[11] La terminologie « espace humanitaire » me paraît inappropriée ainsi que très ethno-centrée, car interdisant *de facto* l'ouverture de ces terrains à d'autres acteurs, et en premier lieu aux populations elles-mêmes.

tentation très humaine de codifier et de réguler ce qui relève de la complexité, il y a quand même nécessité de définir des standards moraux qui, selon leur caractère participatif ou coercitif, s'appelleront chartes, codes de conduite ou lois. Toutefois, toute volonté de définir l'éthique sera liée à une subjectivité dépendante de nos représentations, dont le caractère universel est par essence discutable. Ainsi la question de l'éthique renvoie-t-elle inexorablement à celle de l'intention, mais aussi à celle de la responsabilité, aussi bien individuelle que collective. Comment cette éthique de l'action et de la responsabilité, d'abord liée à chaque individu, peut-elle être intégrée au sein d'un groupe d'individus différents et devenir une éthique organisationnelle ? A-t-elle une fonction utilitariste, opérationnelle, censée répondre à des problèmes concrets du terrain, ou sert-elle à définir par anticipation le cadre des valeurs et « l'esprit » dans lesquels va fonctionner le groupe ? L'éthique humanitaire apparaît donc dans un champ qui est plus celui de la signification des problématiques que dans leur résolution. Elle permet également d'éviter l'écueil de « l'approche flexible », diluant la responsabilité collective d'une organisation aux seuls choix individuels de ses membres. Aussi, la clarification et l'énonciation des principes caractérisant aujourd'hui l'action humanitaire s'imposent. Adoptés et défendus par les (dits) « puristes » de l'humanitaire, ils sont justement battus en brèche par tous ceux qui considèrent que la « fin » humanitaire justifie tous les « moyens », humanitaires ou non. Au regard des nombreux prétendants qui revendiquent aujourd'hui l'appellation humanitaire, s'agissant d'États ou de sociétés privées, il ne s'agit pas de définir les « bons » et les « mauvais » humanitaires. Il s'agit plutôt, sans volonté moralisante, de déterminer ceux qui respectent ou non les principes de l'humanitaire. Le respect sémantique est ici crucial car la force intrinsèque du discours, selon qu'il est approprié ou non, génère conviction ou confusion dans la réalité opérationnelle. Encore une fois, l'intention – et les principes – sous-tendant l'action apparaissent fortement discriminants pour distinguer les acteurs « humanitaires » des acteurs fournissant une assistance de quelque nature que ce soit (médicale, logistique, informationnelle…). Plus inquiétante est la propension de certains « spécialistes » de l'humanitaire à ne plus opérer cette distinction, dans une sorte d'attitude politiquement correcte, en phase avec le discours souvent dominant des États. Les organisations non gouvernementales ont donc aussi la tâche de défendre les principes de l'action humanitaire et de permettre leur translation opérationnelle. En bref, de les rendre visibles et lisibles sur les terrains où elles sont présentes.

Principes fondamentaux de l'action humanitaire

Le cœur de l'action humanitaire est supposé être rattaché à quatre principes fondamentaux[12], qui sont l'*humanité*, l'*impartialité*, l'*indépendance* et la *neutralité*. Le principe d'*humanité* renvoie à l'altérité et à cette conscience humaine qui, empreinte d'empathie pour la souffrance de l'autre, guide le geste de solidarité. Retrouvé dans de nombreuses traditions religieuses (islamique ou judéo-chrétienne), ce principe porte également en lui cette capacité ambivalente et paradoxale de l'Homme à reconstruire ce qu'il met tant d'énergie à détruire. Respecter le principe d'humanité, c'est aussi travailler en respectant la dignité des autres, de l'« Autre ». Dans ses *Essais*, Montaigne écrivait déjà que « *Chaque homme porte la forme entière de l'humaine condition*[13] ». Cette définition de la relation entre l'individu et le genre humain résume la potentialité d'humanité contenue dans l'action humanitaire, mais aussi le sens qui doit la guider. Le deuxième principe majeur de l'humanitaire est l'*indépendance*. La recherche d'indépendance est aussi source de tensions intrinsèques à toute ONG, dans ses dimensions opérationnelle, financière, politique et symbolique. Comme le disait Camus dans « l'Homme révolté », *« la vertu toute pure est meurtrière*[14] ». Concrètement, il s'agit de choisir la moins mauvaise des options et le meilleur compromis acceptable. Rechercher les meilleures interdépendances, plutôt qu'une indépendance totale difficilement accessible pour la majorité des ONG… Ce principe revêt encore plus d'importance lorsqu'il s'agit d'intervenir sur des terrains de conflits armés, car, au-delà de l'indépendance réelle, c'est

---

[12] Issus des principes fondamentaux de la Croix-Rouge et du Croissant-Rouge. https://www.icrc.org/fre/assets/files/other/icrc_001_0513_principes_fondamentaux_cr_cr.pdf

[13] M. de Montaigne, *Les Essais*, 1595.

[14] A. Camus, *L'homme révolté*, Éditions Gallimard, 1951.

l'indépendance perçue qui sera primordiale. Lorsque Colin Powell a déclaré en 2002 que les ONG humanitaires américaines devaient être des « multiplicateurs de force[15] » pour la politique étrangère des États-Unis, il a gravement saboté cette indépendance perçue. Le principe d'*impartialité*, quant à lui, est là pour affirmer que la réponse humanitaire est d'abord une réponse adaptée aux besoins exprimés ou constatés par les populations qui en bénéficieront. Cette réponse doit se faire en dehors de toute considération idéologique, politique ou commerciale. L'impartialité renforce le droit des victimes et suppose une absence d'instrumentalisation. Un exemple de partialité de l'aide est celui du conflit au Darfour. Pendant de longs mois après le but des affrontements en 2004, les tribus nomades (appartenant aux ethnies Rizegat, Beni Halba, Habbaniya ou Ta'aisha) - dont certaines, mais pas toutes, participaient aux exactions contre les villages de pastoralistes (d'ethnies Four, Zaghawa, Masalit ou Bideyat) - n'ont bénéficié d'aucune aide humanitaire. Celle-ci, très concentrée sur les camps de déplacés internes en cours de constitution, a négligé les besoins de ces populations nomades, et notamment de ceux des femmes, enfants et personnes âgées qui en faisaient partie. Cette partialité initiale de l'aide humanitaire a été corrigée au fil du temps, mais a laissé des traces, pouvant peut-être expliquer une partie des problèmes d'insécurité rencontrés par les acteurs humanitaires. Trop souvent, l'impartialité est confondue avec la neutralité. La *neutralité*, dernier principe fondateur, fait débat au sein même de la communauté humanitaire. La neutralité est-elle un principe critiquable ? La *neutralité* n'est pas un principe secondaire de l'action humanitaire mais un principe important, sujet à discussion pour les uns et intouchable pour les autres. Historiquement, l'humanitaire moderne est né au lendemain de la bataille de Solferino en 1859, imposé par le suisse Henri Dunant qui a introduit, avec l'aide des femmes du village de Castiglione, les notions d'impartialité et de neutralité, la neutralité signifiant ne prendre le parti de personne mais rester dans une position « extérieure ». Il a su mobiliser les sociétés civiles pour faire

[15] C. Powell. *Discours devant les représentants des ONG américaines*. Université de Droit de Yale, 26 octobre 2011. http://avalon.law.yale.edu/sept11/powell_brief31.asp

changer l'attitude des gouvernements. Ce positionnement a permis une acceptation par l'ensemble des belligérants de la présence sur les terrains de conflits du Comité international pour la Croix-Rouge (CICR) et des sociétés Croix-Rouge et Croissant-Rouge, mais conditionnée par un silence sur ce qui s'y passait. En 1968, des médecins travaillant pour le CICR au Biafra décident de rompre le pacte de silence et sont à l'origine de la création de Médecins Sans Frontières (MSF). Un peu plus de quarante ans se sont écoulés et l'ironie de l'histoire fait, qu'aujourd'hui, MSF est l'une des ONG défendant le plus ardemment le principe de neutralité...

Hormis ces quatre principes fondamentaux, on peut en citer d'autres qui ont également leur importance, comme l'*universalité*, l'*engagement* ou la *responsabilité*. Les enjeux de transparence, que l'on reverra un peu plus tard au travers de la problématique de la corruption, se discutent aujourd'hui de façon simultanée avec une notion émergente : celle de la *redevabilité*.

Transparence et redevabilité : des représentations aux propositions

Les dépenses engagées pour l'aide humanitaire – évaluées à 22 milliards de dollars en 2013[16] – sont à mettre en regard face aux contraintes de la crise financière, mais aussi aux circonstances souvent chaotiques dans lesquelles cet argent est utilisé. En effet, le niveau élevé de corruption et le contrôle imparfait des États dans lesquels les ONG interviennent tendent à rendre plus difficile la mise en œuvre de programmes efficaces. La redevabilité et la transparence sont au cœur de la légitimité, et peut-être aujourd'hui des principes, des actions humanitaires et de solidarité internationale. Ces principes reposent actuellement sur plusieurs présupposés généraux : être essentiels à un développement durable, au progrès humain, et à une meilleure gouvernance ; amener une efficacité renforcée de l'aide humanitaire ou un effet levier sur d'autres enjeux de la transparence. Ce cadrage aura pour objectif,

---

[16] Global Humanitarian Assistance report 2014.
http://www.globalhumanitarianassistance.org/report/gha-report-2014

d'une part, de discuter les définitions et représentations de ces deux concepts, mais aussi, au-delà du discours normatif actuel, d'analyser les preuves de ces bénéfices présupposés au regard des études publiées sur ce sujet. Enfin, nous ferons quelques propositions pour avancer sur ce double enjeu de la transparence et de la redevabilité.

La transparence

Selon Transparency International, la transparence peut être définie comme « *la caractéristique des gouvernements, sociétés, organisations et individus étant ouverts à une révélation claire des informations, plans, règles, processus et actions* ».

Le concept de transparence, même s'il reste parfois flou, obéit à trois principes (dont la transformation en standard dépendra de son degré d'appropriation et de normalisation). Il s'agit tout d'abord de la *révélation*, c'est-à-dire la quantité d'informations présentées et son degré de disponibilité pour les parties intéressées. Le second élément est la *précision*, qui correspond au degré de précision de l'information telle qu'elle est perçue par l'entité émettrice de l'information. On trouve enfin la *clarté*, liée à la perception et à la compréhension de celui qui reçoit l'information (et qui dépend de la sélection du média utilisé, de la cohérence linguistique, de la sensibilité culturelle et de la pertinence du message). Certaines ONG, notamment suédoises, ont choisi l'affichage public des résultats de leurs cas de corruption, mais aussi des politiques anti-corruption qu'elles mettent en œuvre. Même si cela relève aussi de choix qui sont plus « culturels » et qui ne préjugent pas de l'engagement réel des autres ONG – notamment françaises – sur cette problématique, cette visibilité a le mérite de la clarté.

La multitude des contraintes exercées sur l'information implique qu'il n'existe pas d'information purement transparente et il persiste donc une ambiguïté résiduelle, quel que soit l'effort de transparence fourni. Dans la « théorie des jeux[17] », les pratiques de

[17] La **théorie des jeux** est un ensemble d'outils pour analyser les situations dans lesquelles l'action optimale pour un agent dépend des anticipations qu'il forme sur

transparence bénéficient au modèle auquel elles sont appliquées, mais les « joueurs » avec le plus haut niveau de transparence semblent en désavantage compétitif avec ceux qui en ont le moins. On peut aussi distinguer plusieurs niveaux d'analyse de la transparence, le macro (national, international, marchés...) et le micro (organisations, relations transactionnelles, individus). Concept à première vue moralement peu discutable, il peut comporter quelques écueils que nous développerons plus loin, lorsque seront évoqués les phénomènes de corruption dans le domaine de l'action humanitaire. Tel un Janus à deux faces, la transparence sans discernement peut être aussi délétère que son absence totale.

La redevabilité

La redevabilité se définit généralement comme « *le moyen par lequel des individus ou des organisations rendent compte de leurs actes [...] et sont tenus pour responsables de ceux-ci* »[18]. On distingue la redevabilité *de facto* (examinable : fournir justifications et informations) et celle *de jure* (exigible : possibilité de sanctions si manquement au devoir). Dans la pratique des actions de solidarité internationale, la redevabilité exigible est plutôt celle demandée par les bailleurs et elle surpasse la redevabilité examinable, qui est plutôt celle attribuée aux bénéficiaires (au sens large du terme). La confrontation de ces deux réalités aboutit au concept de redevabilité plurielle. En fait, il existe une asymétrie/dissymétrie dans la redevabilité plurielle, car les personnes en recherche de redevabilité sont constituées par des groupes d'acteurs très différents, distants et déconnectés qui sont (de façon schématique) les payeurs de taxe au Nord et les bénéficiaires de l'aide du Sud. Il semble, aujourd'hui, que la philosophie prédominante de la redevabilité soit centrée sur la

---

la décision d'un autre agent. Cet agent peut être aussi bien une personne physique, une entreprise ou un animal. L'objectif de la théorie des jeux est de modéliser ces situations, de déterminer une stratégie optimale pour chacun des agents, de prédire l'équilibre du jeu et de trouver comment aboutir à une situation optimale. Pour en savoir plus, se référer à l'ouvrage de O. Morgenstern et J. von Neumann *Theory of Games and Economic Behavior*, Princeton University Press, 1944.

[18] M. Edwards, D. Hulme, Beyond the magic bullet: NGO performance and accountability in the post-Cold War World, West Hartford, Kumarian Press, 1996.

réduction des gaspillages et la justification de l'aide pour les payeurs de taxe du Nord, provenant notamment d'initiatives anglo-saxonnes, comme celles de l'ANALP (*Active Learning Network for Accountability and Performance in Humanitarian Action*), du Partenariat International pour la Redevabilité Humanitaire (*Humanitarian Accountability Partnership-International*[19]), de *People in Aid* ou du Projet SPHERE[20].

Le rationnel de la mise en avant de la redevabilité procède de deux arguments, l'un que l'on peut qualifier « par le bas » *(bottom-up)* et l'autre, « par le haut » *(top-down)*. Le premier de ces arguments relève du droit moral et légitime de réclamation et de vérification de la part des bénéficiaires. Que ce soit par l'amélioration de la compliance à des standards de pratique ou par le biais d'un renforcement du lien direct entre ONG et bénéficiaires, ces approches placent la question morale au centre du débat. Le second argument utilisé pour promouvoir la redevabilité est avancé essentiellement par la tutelle politique et financière des bailleurs de fonds internationaux et des États. L'adhésion à ce nouveau « principe » améliorerait selon elle, les résultats, la performance et l'impact de l'action humanitaire. Cette *proximité morale* renouvelée des ONG avec les populations concernées impacterait positivement la sécurité et l'efficacité programmatique voulues par les bailleurs. Cela reste pour l'instant essentiellement spéculatif.

Plusieurs approches de mise en œuvre de la redevabilité sont possibles, se fondant sur des postulats variés, allant de l'argument moral des droits de l'Homme aux nouvelles techniques de management, en passant par les instruments juridiques du droit humanitaire. Pour cela, de nombreux organismes participent (contre monnaie trébuchante) à la sensibilisation et au renforcement des capacités des ONG pour la mettre en œuvre. Dans cette dynamique vertueuse, le rôle des bailleurs paraît aujourd'hui essentiel, en veillant notamment à ce que les organisations qu'ils financent respectent les règles établies. Cette

---

[19] HAP www.hapinternational.org
[20] http://www.sphereproject.org

dissymétrie dans la redevabilité plurielle est également renforcée dans l'affirmation d'une relation causale et linéaire entre transparence et redevabilité, la première menant nécessairement à la seconde, et le tout à un développement plus efficace et une meilleure gouvernance. Pourtant, si ces deux notions semblent avoir acquis des valeurs normatives éthiques et juridiques, la dimension technique en termes d'impact reste à évaluer et ses dérives possibles (saturation de normes et de mécanismes de contrôle) sont encore à évaluer et anticiper.

En effet, la chaîne de causalité entre transparence / redevabilité et efficacité de l'aide constitue aujourd'hui plus une assertion qu'une preuve. Il manque tout d'abord une « théorie du changement », qui permettrait d'expliciter l'articulation entre les différents éléments de cette chaîne et donc de mieux démontrer son impact, mais aussi de mieux tracer les progrès éventuellement réalisés.

De nombreux travaux ont été publiés sur les effets délétères de la non-transparence, et notamment de l'un des plus visibles : la corruption. Pour rappel, la plupart des pays d'intervention de l'action humanitaire (comme la Somalie, le Soudan, l'Afghanistan, Haïti, Myanmar…) sont particulièrement exposés à ce phénomène[21]. Paradoxalement, beaucoup moins d'études sont disponibles sur les initiatives de transparence et de redevabilité (*Transparency and Accountability Initiatives* – TAIs). Ces initiatives favorisent une meilleure traçabilité sur les processus de distribution de l'aide et le « partage de pouvoir (et d'informations) » entre ONG et bénéficiaires, mais il n'y a pas de résultat formel sur l'efficacité de l'aide en elle-même. La plupart de ces études se sont focalisées sur le fait que ces initiatives aient pu ou non se mettre en place. De multiples méthodologies ont été utilisées (analyse de données agrégées, essais contrôlés, études de cas, interviews, approches mixtes quali-quantitatives). La littérature à disposition permet toutefois d'identifier trois types de facteurs pouvant améliorer l'impact et l'efficacité des TAIs dans le

[21] Corruption Perception Index Map 2014. Transparency International. http://www.transparency.org/cpi2014

champ de la solidarité internationale. Il s'agit tout d'abord de la qualité des interfaces entre États et acteurs citoyens (interface de redevabilité et stratégies transnationales). Le rôle des ONG est également souligné pour augmenter la part de redevabilité au profit des bénéficiaires et inciter à une participation plus proactive des populations concernées. Enfin, la mise en place de cadres légaux et le rôle des institutions sont indispensables pour que d'éventuels mécanismes de sanctions et une évolution concrète des législations puissent aboutir. En juin 2013, *Christian Aid, Save The Children* et HAP ont publié une étude conjointe intitulée « *Improving impact: do accountability mecanisms delivers results* ? »[22]. Ce travail pointe les interrogations persistantes sur le lien direct entre *redevabilité* et *amélioration des résultats* concernant l'impact réel de l'aide humanitaire. La méthodologie est celle d'études de cas situées dans deux pays (Kenya et Myanmar) et ciblant trois problématiques : le partage d'information, la participation des communautés et les mécanismes de plaintes. Bien que parfois disparates, les résultats de cette étude mettent en évidence les impacts positifs des stratégies visant à traiter les trois points précités, notamment en termes de perception par les communautés, d'efficacité et de durabilité des projets. Même si l'efficience est considérée améliorée dans la conclusion du document, il est écrit que « *les deux études de cas n'ont pas apporté la preuve que la redevabilité améliorait l'efficience* »[23]. Les carences de données chiffrées et de critères clairs d'évaluation n'enlèvent pas le mérite aux auteurs d'avoir réalisé ce travail complexe dans des conditions de terrains difficiles, mais justifient de rester prudent sur les conclusions. La transformation du principe de redevabilité, en norme indiscutable pour toute organisation et action humanitaire, dans le cadre préconisé par les agences comme HAP ou l'ANALP, paraît prématurée. Ce, d'autant plus qu'elle est paradoxalement portée par les bailleurs internationaux et des pays occidentaux, essentiellement anglo-saxons. En France, la plateforme de coordination des ONG de solidarité internationale (Coordination

[22] Christian Aid, Save The Children, HAP. « Improving Impact: Do accountability mechanisms deliver results? », juin 2013. http://www.hapinternational.org/pool/files/improving-impact-do-accountability-mechanisms-deliver-results.pdf
[23] Traduction de l'auteur.

SUD) a également entamé une réflexion approfondie[24] sur le sujet, organisant des rencontres entre les ONG, des organismes comme HAP ou l'Initiative Internationale pour la Transparence de l'Aide. Toutefois, la prise de conscience du milieu francophone sur ces enjeux reste timide face au rouleau compresseur anglo-saxon, avec sa capacité à édicter des normes et à les diffuser de façon globale.

Dans un contexte économique mondial fragile, la relation causale entre transparence / redevabilité et efficacité reste incertaine, malgré le poids normatif actuel qui tend à élever ces deux notions au rang de principes incontournables. Pour poursuivre la réflexion et concrétiser ce que ces concepts pourraient amener de positif dans le champ de l'aide et de la solidarité internationale, trois refontes paraissent nécessaires. Tout d'abord, une refonte intellectuelle théorique. En effet, il y a une nécessité d'initiatives, pour mettre en avant une *théorie du changement* et pour critiquer les critères de transparence utilisés par de nombreuses initiatives en cours ou passées. Il y a ensuite besoin d'une refonte méthodologique. Celle-ci doit privilégier les études de cas approfondies qui tiennent compte de la particularité de chaque contexte, pour explorer les complexités et subtilités de la transparence et de la redevabilité, ainsi que les dynamiques à l'œuvre dans le champ de l'aide. Une attention particulière doit être portée à la conception méthodologique des études à venir. Enfin, une refonte des interfaces de la redevabilité plurielle est indispensable, permettant d'aboutir à une « fertilisation croisée » entre les expériences de terrain (issues des ONG) (redevabilité examinable) et les exigences des bailleurs et des gouvernements (redevabilité exigible).

Bien que nouveaux, les concepts de redevabilité et de transparence s'imposent déjà comme de futures normes incontournables des pratiques de la solidarité internationale. Leur signification et représentation peuvent varier selon les contextes et

---

[24] Coordination SUD, « La transparence au sein des ONG de solidarité internationale : enjeux, expériences et perspectives », 16 septembre 2013.
http://www.coordinationsud.org/wp-content/uploads/Compte-rendu-atelier-transparence-CSUD-16.09.2013.pdf

les acteurs qui les utilisent, mais le rôle des ONG est de faire en sorte qu'ils bénéficient d'abord aux populations. La complexité du système de l'aide internationale, l'interdépendance complexe entre bailleurs-ONG-bénéficiaires, tout comme les stratégies transnationales utilisées par l'ensemble des acteurs, s'intègrent à ce que l'on peut appeler, en science politique, un *régime* de l'aide internationale et correspondent, dans une certaine mesure, à des postulats issus du néolibéralisme. L'appropriation *a priori* des enjeux de transparence et de redevabilité par les acteurs non gouvernementaux de l'aide internationale, mériterait un peu plus de recul, d'évaluation et de regard critique, sans pour autant omettre de saisir l'opportunité d'améliorer l'efficacité de l'aide et le soutien aux populations. Entre l'acceptation aveugle d'une culture de la compliance et un refus catégorique de considérer la transparence et la redevabilité comme des enjeux importants, une place existe pour une coopération intelligente et prudente au bénéfice des plus fragiles.

Des principes difficiles à mettre en œuvre

Mais qu'en est-il de l'applicabilité de ces principes en conditions réelles ? La confrontation à la réalité permet de mieux comprendre l'impression de double discours qui émane parfois des ONG. L'ambiguïté des situations sur lesquelles elles interviennent, leur dépendance et leur compliance parfois trop grandes face aux bailleurs et aux gouvernements, ainsi qu'une visibilité médiatique parfois excessive, font partie de ces facteurs explicatifs. Alors que certains auteurs critiquent déjà l'*altérité perdue*[25] des humanitaires, nous ferons la distinction entre les situations de conflits armés et de catastrophes naturelles (ou technologiques), car les déterminants respectifs de leur complexité diffèrent radicalement. Certains terrains alliant parfois ces deux problématiques, comme le Pakistan, deviennent de véritables « champs de mines » pour l'application de ces principes et la conservation des cadres éthiques.

---

[25] B. Hours, L'idéologie humanitaire ou le spectacle de l'altérité perdue, Editions L'Harmattan, 1998.

Dans les conflits armés

Si leur nombre a plutôt diminué[26], la nature des conflits armés s'est profondément modifiée depuis la chute du mur de Berlin en 1989, ravivant des conflits gelés et s'exprimant principalement par des guerres civiles et/ou intra-étatiques. Ainsi, l'internalisation, l'urbanisation, l'instrumentalisation ethnico-religieuse, l'asymétrie et la privatisation (au moins partielle) de ces conflits se sont imposées. Cette nouvelle grille de lecture, complexe et fragmentée, tente d'être intégrée par les ONG humanitaires. Le cadre éthique et opérationnel que ces dernières ont construit est-il suffisant pour servir efficacement de repère face aux dilemmes auxquels ces terrains mouvants les exposent ? Pas si sûr lorsqu'il s'agit de naviguer en permanence entre attitude pragmatique face aux réalités opérationnelles et respect des principes de l'action humanitaire.

Par leur souplesse et leur flexibilité, les ONG pouvaient se permettre d'initier des programmes innovants et originaux dans des environnements instables, à l'instar des programmes de réduction des risques menés ces dernières années par MDM en Serbie et en Afghanistan. L'accès aux populations est en fait l'enjeu central pour toute ONG, mais celui-ci est aujourd'hui essentiellement dicté, parfois à juste titre, par des contraintes de sécurité. Les humanitaires doivent pouvoir développer des réponses locales et contextuelles, sans dogmatisme et idées préconçues. Cette perception d'insécurité s'adossant aux nouvelles dynamiques des conflits qui secouent la planète, le rôle des humanitaires est devenu plus exigeant et objectivement plus dangereux qu'avant. Pour répondre à cette insécurité, il faut d'abord en connaître les déterminants. L'accès à des territoires contigus et la captation de ressources naturelles, telles l'eau, le bois, les terres de pâturages, les minerais (comme le coltran en République Démocratique du Congo) ou le pétrole (dans le delta du Niger), sont devenus des enjeux stratégiques majeurs pour de nombreux acteurs. Parallèlement à ces causes « pragmatiques », une idéologisation

---

[26] Global trends in armed conflicts (1946-2014). Figure 3. http://www.systemicpeace.org/conflicttrends.html

ethnique et religieuse de la haine de l'autre a été orchestrée par différents protagonistes, aboutissant à des massacres de voisinage, à une fragmentation de sociétés déjà fragilisées et à une altération durable de leurs capacités de résilience. Le génocide du Rwanda, comme les massacres de masse commis en République Démocratique du Congo ou au Darfour, illustrent cette réalité. Les acteurs humanitaires paraissent ainsi à la fois victimes et sentinelles des conflits armés dans lesquels ils inscrivent leur action.

Dans cet environnement hostile, la capacité des ONG à adhérer aux cadres éthique et opérationnel fixés par les principes de l'action humanitaire peut être violemment remise en cause. La récente guerre en Libye illustre ce propos : l'alibi humanitaire y a été ouvertement utilisé par les dirigeants politiques, notamment européens, pour intervenir militairement. Cette difficulté récurrente à assumer une décision politique d'engagement militaire est la même qui a permis de qualifier de « guerre humanitaire » l'intervention américaine en Somalie, l'intervention de l'OTAN au Kosovo, et même la première guerre du Golfe. Dans ces « guerres humanitaires », les ONG qui ont accepté d'être *embedded*, c'est-à-dire embarquées comme agents supplétifs, ont surtout mis à mal les principes de neutralité, d'indépendance et d'impartialité. Cela a pu également altérer la perception des populations civiles, premières victimes de ces conflits, vis-à-vis de l'ensemble de la communauté humanitaire.

Les soubresauts du printemps arabe ont conduit, en 2011, au conflit en Libye qui a vu s'opposer dans une guerre civile les partisans du colonel Kadhafi à une rébellion soutenue, armée et renseignée par les forces de l'OTAN. La rhétorique « humanitaire » utilisée dans ce conflit cache néanmoins une réalité plus politique, dans laquelle les atrocités du régime libyen ne peuvent occulter totalement l'hypocrisie des gouvernements occidentaux, le jeu des puissances du Golfe pour élargir leur sphère d'influence sunnite et les crimes de guerre commis par les groupes disparates de la rébellion. Avant de passer en revue quelques conflits signifiants, il faut souligner combien les discours ont agi sur les perceptions et interroger le fait que l'injustesse des mots a probablement participé à l'injustice dans la réalité.

Guerre et action humanitaire : l'importance des mots justes

Après la Libye, l'actualité internationale a désormais comme focus essentiel la situation en Syrie où les massacres de civils se déroulent quotidiennement, et où il devient extrêmement difficile de faire la part entre information vérifiable et désinformation par les différentes parties au conflit. Ainsi, seul le (controversé[27]) Observatoire syrien des Droits de l'Homme paraît à même de tenir le décompte des morts (plus de 310 000 au moment d'écrire ces lignes) avec un degré de certitude que nul ne peut vérifier... À l'heure où le spectre d'une intervention armée pourrait se dessiner à nouveau, des constats et des réflexions s'imposent à l'aune des expériences récentes de ces antinomiques « guerres humanitaires ».

Tout d'abord, notons le glissement sémantique progressif depuis les années 1980 où le terme *guerre*[28] (comme celui de « stratégie ») a été accolé à des situations qui ne comportaient aucun caractère militaire. On parle désormais de guerre économique, de guerre des devises monétaires, ou même des mots[29]... Parallèlement, l'affrontement entre deux États ou entre un État et des entités non-étatiques se dénomme désormais *conflit*[30] ou *intervention armée*. L'utilisation concomitante de l'adjectif

---

[27] http://www.nytimes.com/2013/04/10/world/middleeast/the-man-behind-the-casualty-figures-in-syria.html?pagewanted=all&_r=0

[28] Selon Philippe Moreau Defarges (*La politique internationale*, 1990, Ed. Hachette), la guerre représente une lutte armée entre ennemis aux buts politiques inconciliables ou incompatibles et qui comporte toujours le potentiel d'une ascension à l'extrême, c'est-à-dire un engagement sans limite pour atteindre la victoire et la destruction de l'adversaire.

[29] Un exemple récent est celui des échanges particulièrement tendus entre le Président russe, Vladimir Poutine, et son homologue turc, Recep Erdogan, suite à la destruction d'un avion de chasse russe par l'armée turque lors d'un vol visant à bombarder les positions de l'organisation État islamique en Syrie (le 24 novembre 2015).

[30] Selon le SIPRI et D. Battistela (*Guerres et conflits dans l'après-guerre froide*, 1998, La Documentation française), les conflits armés majeurs sont des combats prolongés entre les forces militaires de deux gouvernements ou plus, ou entre un gouvernement et au moins un groupe armé organisé, au cours desquels le nombre de morts dépasse le millier (sur la durée des affrontements).

humanitaire a accentué cette inversion des valeurs qui, politiquement, vise essentiellement à justifier la mise en œuvre de moyens militaires, mais aussi à en atténuer la perception dramatique de son coût réel. Pour paraphraser l'ethnologue français Marcel Mauss, la guerre est un « fait social total »[31], et très souvent la poursuite logique d'une action politique menée par un ou plusieurs États. La légitimité morale de la guerre, et notamment des guerres dites « justes », est naturellement très polémique, car dépendante du corpus culturel et politique de chaque voix intervenant au débat (et pas seulement celle des politiques et des militaires prenant la décision de l'engagement). Il est donc difficile de vouloir y associer une réelle objectivité, car c'est le plus souvent une parfaite subjectivité qui guide la position des uns et des autres. Les âpres discussions qui ont suivi chaque intervention militaire ces vingt dernières années en témoignent, qu'il s'agisse du Kosovo, de l'Irak, de l'Afghanistan et même du Timor.

Si la mise en avant des concepts de guerre préventive et préemptive s'est estompée avec le départ de G.W. Bush, le conflit en Libye montre que l'alibi humanitaire a encore de beaux jours devant lui. Les États de la coalition arabo-occidentale qui ont mené cette guerre pouvaient-ils en mesurer toutes les conséquences à venir ? Rien n'est moins sûr, mais la réalité libyenne actuelle suscite pourtant de graves inquiétudes, tant sur le plan humanitaire qu'en termes politiques. MSF s'est, par exemple, retiré des prisons de Misrata en raison des nombreux cas de tortures constatés par ses équipes médicales et très vraisemblablement perpétrés par les autorités libyennes actuellement au pouvoir. En outre, depuis le 1er juin 2012, une loi interdit aux ONG libyennes de recevoir des financements d'ONG étrangères ou de bailleurs internationaux (sauf s'ils sont enregistrés au ministère de la Culture et de la Société Civile). On peut aussi noter que des ONG étrangères qui défendent les droits humains se sont vues interdites de déplacements dans le sud du pays, où persistent des foyers de

[31] « Essai sur le don » (Article originalement publié dans l'Année sociologique, seconde série, 1923-1924 in *Sociologie et anthropologie*, Paris, Les Presses universitaires de France, 1968, Quatrième édition, 482 pages. Collection : Bibliothèque de sociologie contemporaine).

violence. Sur le plan politique, la réalité de la fragmentation clanique et tribale des nouvelles autorités libyennes a fait voler en éclat l'impression d'unité qu'avait pu donner le Conseil National de Transition (CNT) dans ses négociations avec la *communauté internationale*[32]. Le changement d'attitude récent du CNT envers les ONG étrangères et les journalistes, tout comme l'adoption d'une loi autorisant la prise en compte des aveux obtenus sous la torture, ne sont surement pas des éléments rassurants. Enfin, il faut reconnaître que le conflit en Libye a eu des répercussions bien au-delà des frontières de ce pays. La circulation renforcée d'armes et de mercenaires participe désormais à la déstabilisation et à l'insécurité croissante de la zone sahélienne. Bien sûr, on pourra arguer que ne rien faire en Libye aurait également été condamnable ; c'est précisément là que la discussion bascule dans la subjectivité, puisqu'il s'agit alors d'une hypothèse contrefactuelle par nature invérifiable, et donc difficilement attaquable... Le débat sur ces questions importantes est-il condamné à s'enliser dans un discours rhétorique et une dialectique stérile ?

À l'aune d'une possible intervention en Syrie et dans l'incertitude politique liée au retrait progressif des troupes occidentales d'Afghanistan, plusieurs aspects méritent d'être pris en considération. Tout d'abord, il faut reconnaître que les objectifs politiques sont prééminents dans le choix des actions (comme des inactions) et que les objectifs humanitaires servent, au pire, d'alibi et, au mieux, à des convergences conjoncturelles d'intérêts. Si les États entendent appliquer de véritables stratégies humanitaires, celles-ci ne doivent-elles pas pouvoir, à un moment donné, se dé-subordonner à la raison d'État pour rester crédibles ?

Deuxièmement, il faut bannir définitivement la sémantique humanitaire du vocabulaire politique et militaire concernant ces interventions armées. Parler d'*intervention armée à but humanitaire* est un oxymore, à la fois inopérant sur le plan conceptuel et dangereux sur le plan opérationnel, en raison de la

[32] Terme impropre mais le plus souvent utilisé pour décrire l'ensemble disparate d'acteurs internationaux et d'États mobilisés.

confusion que ce terme induit. Si l'on ne peut reprocher aux médias de véhiculer ces expressions fourre-tout que d'autres prononcent, leur responsabilité ne consisterait-elle pas aussi à poser un regard plus critique ?

Troisièmement, les populations civiles – particulièrement les plus vulnérables (femmes, vieillards et enfants) – sont les principales victimes des conflits armés, qu'ils soient internes ou opposant des groupes armés à des coalitions internationales. Quelle sera la place réelle de la « Responsabilité de Protéger[33] », promue par les Nations Unies, face aux épreuves de la réalité internationale[34] ? Un outil efficace pour la protection des civils ou une nouvelle justification annexée par une minorité d'États ? Les politiques étatiques de protection des personnes (ne participant pas de façon directe au conflit) doivent bien sûr rappeler l'obligation d'appliquer le droit humanitaire international, c'est-à-dire le *jus in bello*, « la manière de conduire la guerre »[35]. Mais les représentants élus du peuple et les sociétés civiles des pays qui s'engagent dans un conflit armé ne mériteraient-ils pas d'avoir un droit de regard plus étroit sur la façon dont le *jus ad bellum* (« le droit de faire la guerre »[36]) et le *jus post-bellum* sont pris en compte par leurs gouvernements respectifs ?

Les exemples récents de l'Irak, de l'Afghanistan et de la Libye montrent que l'action humanitaire des ONG nationales comme internationales – qui sont souvent les principaux recours d'assistance aux populations dans ces contextes – est loin d'être facilitée, aussi bien pendant qu'après la survenue de ces conflits armés. Dans un Afghanistan fragmenté, au pouvoir central très fragile et où les insurgés reprennent déjà leurs marques, la situation

---

[33] Correspond au « principe selon lequel tout État a la responsabilité de protéger les populations vivant sur son territoire contre le crime de génocide, les crimes de guerre, les crimes contre l'humanité et le nettoyage ethnique », S. Szurek, *La Responsabilité de Protéger : du principe à son application.* http://www.afri-ct.org/IMG/pdf/60-_Article_Szurek.pdf

[34] Résolution 1674 du 28 avril 2006 « Protection des civils dans les conflits armés ».

[35] https://www.icrc.org/fre/war-and-law/ihl-other-legal-regmies/jus-in-bello-jus-ad-bellum/ overview-jus-ad-bellum-jus-in-bello.htm

[36] Ibid.

des ONG est très délicate depuis le retrait partiel des troupes de l'OTAN en 2014. Quelle y sera la marge de négociation des ONG et acteurs humanitaires occidentaux après plus de dix ans de conflit post-11 septembre 2001 ? Très peu d'ONG travaillent en Libye et la plupart restent à proximité de la frontière libyenne des pays limitrophes, comme la Tunisie ou l'Algérie.

Dans un monde de plus en plus gris et aux repères incertains, la responsabilité pour chaque acteur – ONG, gouvernements, organisations internationales – est donc de tenir son rôle et de savoir jusqu'où le curseur de l'acceptable peut être poussé. Se confronter au *brouillard de la guerre*[37] aujourd'hui, c'est affronter avant tout le champ des possibles sans démagogie, dogmatisme idéologique ou pragmatisme cynique. Une ligne de crête parfois difficile à tenir, lorsque l'instantané et le zapping prennent le pas sur le *temps long*[38] et la complexité.

L'alibi de la « guerre humanitaire » en Libye

Alors que les « révolutions » du monde arabe, notamment en Libye, continuaient de déjouer tous les pronostics des adeptes de la *realpolitik*, la réponse des États occidentaux – notamment européens – est restée longtemps mêlée d'indignation (réelle ou feinte) et de prudence calculatrice. Plusieurs de ces États, dont la France, sont pourtant depuis des années leurs pourvoyeurs en armes et munitions utilisées aujourd'hui contre les manifestants dans la rue. Paradoxalement, autant l'assertion de Donald Rumsfeld sur notre « *vieille Europe*[39] » était erronée concernant la guerre préemptive en Irak en 2003 et ses prétendues armes de destruction massive, autant elle paraît reprendre aujourd'hui de la

[37] Terme utilisé pour décrire l'absence ou le flou des informations pour des participants à des opérations militaires. Le terme se rapporte à l'incertitude des protagonistes quant à ses propres capacités, les capacités des adversaires, la position des forces et ses objectifs. L'expression a été créée par le général Carl von Clausewitz dans son ouvrage « De la guerre ».

[38] F. Braudel, *Ecrits sur l'Histoire*, Éditions Flammarion, 1985.

[39] Propos tenus par Donald Rumsfeld le 22 janvier 2003, en raison des divergences d'analyses sur le dossier irakien, suite aux inspections de l'ONU, entre Américains et Européens (notamment la France et l'Allemagne). http://www1.rfi.fr/actufr/articles/037/article_19434.asp

valeur à la lecture de la réponse européenne face aux soulèvements populaires qui ont secoué le Proche et le Moyen-Orient.

La volonté de l'Union européenne d'examiner la possibilité d'une *intervention militaire à but humanitaire en Libye*[40] a traduit l'incapacité des nations européennes et du Service européen pour l'action extérieure (SEAE) à affirmer une posture politique clarifiée. Encore une fois, l'alibi humanitaire a été brandi pour dissimuler une hésitation ou un refus d'engagement diplomatico-militaire lisible face à un pays qui pourrait faire vaciller des intérêts énergétiques, commerciaux et politiques (comme par exemple la politique de contrôle migratoire et les accords signés avec l'Italie de Silvio Berlusconi). La réponse européenne, tardive et très peu audible, a semblé se centrer sur l'évacuation des ressortissants de l'UE et la crainte d'un afflux migratoire massif. Ces préoccupations, pour légitimes qu'elles aient été, ne pouvaient constituer une réponse adaptée face aux défis présents et à venir. Ces défis sont nés du réveil de peuples qui ont fait sauter le verrou mental de la peur face à des régimes ayant perdu depuis longtemps toute légitimité à leurs yeux.

L'utilisation du terme « humanitaire » a été dévoyée de son sens pour gommer les aspérités d'un engagement véritable et de décisions politiques assumés par l'UE. Malgré le gel d'un accord de partenariat UE-Libye, lancé en 2008 par la France, les Vingt-Sept ont mis de longues semaines avant d'afficher une position commune concernant des sanctions ciblées contre le pouvoir libyen, comme le gel des avoirs ou des poursuites judiciaires internationales. Pourquoi s'abriter derrière la sémantique humanitaire, dont les principes sont d'intervenir auprès des populations vulnérables, mais dont la fonction n'est sûrement pas de résoudre des crises politiques ? L'ambivalence de l'UE n'est malheureusement pas simplement conjoncturelle. Elle est également structurelle, et ce, depuis que les Vingt-Sept ont validé le Traité de Lisbonne qui consacre l' « approche intégrée » pour la

[40] http://www.lemonde.fr/afrique/article/2011/02/24/l-ue-examine-la-possibilite-d-une-intervention-a-but-humanitaire-en-libye_1484780_3212.html#ens_id=1481986

résolution des crises tout en signant le Consensus Humanitaire Européen[41], qui rappelle les règles d'humanité, d'indépendance, de neutralité et d'impartialité de l'action humanitaire[42]. Cette contradiction interne à l'UE[43], véritable schizophrénie institutionnelle, est un frein supplémentaire à la lisibilité de la diplomatie européenne. Alignée sur les positions atlantistes et renforcée par le retour récent de la France dans le commandement intégré de l'OTAN, cette attitude ne correspond pourtant pas à la culture européenne, habituellement plus respectueuse de la distance entre aide humanitaire issue de la société civile et action diplomatico-militaire.

L'UE avait donc tout à gagner dans la recherche d'une solution politique à la crise en Libye, et non pas à envisager une énième réponse militaro-humanitaire, aux objectifs flous et contradictoires par nature. Probablement perçue par beaucoup comme une réponse incomplète et peu courageuse, celle-ci serait restée (si elle avait été déclenchée) dans la droite ligne des « realpolitik » inadaptées que les peuples libyen, tunisien, égyptien et syrien infirment, ou ont infirmé, dans leurs rues.

L'alibi humanitaire pour masquer la désunion de la Libye

En dépit d'une légitimité érodée du colonel Kadhafi, aux yeux de ses concitoyens comme de l'opinion internationale, le ministre français de la Défense de l'époque, Gérard Longuet, avait d'emblée précisé que le conflit libyen risquait de durer. Cet enlisement, dû en partie à la précarité organisationnelle des rebelles libyens comme à la volonté guerrière des forces pro-Kadhafi, s'est cristallisé dans les combats de guérilla urbaine qui se sont déroulés notamment à Misrata. Cette « ville-martyre » a vu le déplacement

---

[41] « Consensus humanitaire européen », *Journal officiel*, 25 janvier 2008. http://eur-lex.europa.eu/LexUriServ/LexUriServ.do?uri=OJ:C:2008:025:0001:0012:FR:PDF

[42] Rappelant notamment que l'aide humanitaire n'est pas un « outil de gestion des crises » pour l'Union européenne.

[43] Bien que critiquable, les États-Unis ont une position beaucoup plus claire sur le rôle de « multiplicateur de forces » et de levier de la politique étrangère américaine des ONG humanitaires.

de plusieurs milliers de personnes, et la présence de victimes d'armes à sous-munition a été confirmée par de nombreuses sources médicales. Bien que difficile à mettre en œuvre, l'aide humanitaire s'est alors organisée pour fournir une assistance impartiale aux populations civiles victimes du conflit, vivant dans des conditions plus que précaires.

Dans le même temps où naissait une polémique soulevée par le ministre français des Affaires étrangères, Alain Juppé, sur le degré réel d'engagement de l'OTAN, l'Europe peinait à faire entendre sa voix. On peut ne pas être d'accord avec les choix faits, mais il faut reconnaître que les Nations Unies comme l'OTAN ont pris une décision politique, l'une en votant la résolution 1973 (2011), l'autre en joignant ses forces militaires à la coalition franco-britannique. Le couple franco-allemand, moteur politique de l'Europe des 27 États membres, n'a pu qu'étaler son désaccord lors du vote de la résolution 1973 au Conseil de sécurité des Nations Unies. Et il n'est pas sûr que les 40 millions d'euros débloqués par l'Union européenne pour aider les populations civiles libyennes aient suffi à construire une politique étrangère européenne crédible.

D'autre part, la décision prise le 1er avril 2011 de déployer une force militaire afin d'assister l'aide humanitaire, baptisée « *EUFOR Libya* », et la pression exercée par les États membres de l'UE auprès d'UNOCHA (l'organisme de coordination de l'aide humanitaire des Nations Unies) pour exiger sa mise en œuvre, n'ont pas été de nature à rassurer sur la capacité européenne à produire une volonté politique collective susceptible de favoriser la résolution de ce conflit. Comme l'avait noté VOICE – la plate-forme de 85 ONG humanitaires européennes, basée à Bruxelles –, cette opération militaire européenne n'aurait pu être mise en œuvre qu'à la demande d'UNOCHA et dans le cadre pré-établi du *Military-Civil Defense Assets* (guide de référence sur l'utilisation des moyens militaires et de protection civile pour épauler les activités humanitaires en situation d'urgences complexes). Ce cadre, rappelé par Valérie Amos – à l'époque responsable d'UNOCHA et Secrétaire générale adjointe des Nations Unies – aux responsables de l'OTAN et du SEAE, précise que « *toutes les alternatives civiles doivent avoir été explorées* » avant d'envisager un soutien par des moyens militaires, et que ceux-ci doivent « *rester sous coordination civile* » et « *respecter la nature neutre et basée sur les besoins (impartialité) de l'aide humanitaire* ». Par ailleurs, le traité de Lisbonne, tout comme l'initiative du *Good Humanitarian Donorship* et le Consensus Humanitaire Européen, précisent que l'action humanitaire doit rester neutre et impartiale, et ne peut donc servir d'outil de résolution des crises.

Malgré la situation délicate des populations civiles, les humanitaires estimaient malvenu le déploiement de cette force européenne, dont le qualificatif antinomique « militaro-humanitaire » a déjà prouvé sa faiblesse conceptuelle et ses insuffisances opérationnelles sur des terrains comme le Kosovo, la Somalie, ou l'Afghanistan. Pour les ONG, la notion d'acceptation, c'est-à-dire la mise en place de stratégies communautaires visant à faire accepter la présence d'acteurs humanitaires pour accéder aux populations civiles vulnérables, est fondamentale. La confusion possible entre humanitaires et militaires constitue une menace non seulement en termes d'acceptation par les communautés (l'acceptation étant l'une des pierres angulaires de la sécurité des programmes et des équipes), mais aussi en termes de participation active aux programmes et donc d'efficacité.

Les États membres de l'UE, tout comme sa diplomatie, auraient dû montrer leur union et leur force politique face aux enjeux complexes de la crise libyenne et à son risque d'*ensauvagement*, plutôt que de se réfugier derrière l'alibi humanitaire pour cacher leur désunion. Reconnue comme un acteur mondial de la solidarité et un modèle politique d'intégration propice à favoriser la paix, l'UE peut aujourd'hui faire fructifier ce capital de crédibilité en séparant clairement ce qui relève du politique et de l'humanitaire. Cette tentative d'instrumentalisation de l'aide humanitaire en Libye n'a, au final, rien masqué du manque de cohésion dans la politique étrangère de l'UE. Au contraire, elle n'a fait que le souligner.

Quelle responsabilité occidentale dans le chaos libyen ?

L'intervention militaire aérienne (opération *Unified Protector*) sur le territoire libyen, emmenée par la coalition France – Royaume-Uni – États-Unis, avalisée par la résolution 1973 (2011) du Conseil de Sécurité des Nations Unies (CSNU) et entreprise conjointement entre pays occidentaux et monde arabe (dont le Qatar) a marqué un tournant probable pour l'issue de la « Révolution libyenne ». Mais l'Histoire ne s'écrit pas sur une page vierge, et il semble intéressant de se pencher sur le passé récent des relations politiques, militaires et économiques entre l'ancien pouvoir libyen et les gouvernements occidentaux qui l'ont si récemment dénoncé. La situation actuelle en Libye est exemplaire sur plusieurs aspects. Elle illustre tout d'abord la nature intrinsèquement politique de ces crises complexes. Elle met aussi en exergue la versatilité décomplexée des postures prises par certains gouvernements occidentaux et la tentation pour ces mêmes acteurs de se saisir du présent pour faire oublier le passé.

Bien que le principe onusien de « Responsabilité de Protéger » ait été invoqué lors de la soumission de la résolution 1973 (2011) au CSNU, il ne fait pas de doute que la réponse de la communauté internationale à la crise politico-militaire en Libye ait été de nature politique. Les besoins humanitaires, en termes d'accès aux abris, aux soins, à l'eau et en nourriture, ont rapidement été pris en charge par les ONG présentes à la frontière tuniso-libyenne, et de nombreux gouvernements, même ceux aux moyens limités, ont essayé de trouver des solutions pour rapatrier leurs ressortissants respectifs, qu'ils soient tunisiens, bangladais ou chinois. En Libye, plusieurs milliers de civils ont été tués et des dizaines de milliers d'autres ont été déplacés, pris en étau entre les soldats (et/ou mercenaires) de Muammar al-Kadhafi et les forces militaires d'opposition. Il faut cependant noter que la plupart des dommages occasionnés aux populations civiles ont été le fait délibéré des forces du régime libyen en place, ce qui, *de facto*, « *a poussé Kadhafi dans le viseur de l'ONU* »[44]. La crise humanitaire majeure

---

[44] « Paris pousse Kadhafi dans le viseur de l'ONU », F. Rousselot, M. Semo, *Libération*, 18 mars 2011.

et la vague d'immigration massive tant annoncées n'ont pourtant pas eu lieu. En tout cas pas suffisamment pour que l'inaction politique s'abrite derrière l'alibi humanitaire, comme cela avait été initialement envisagé[45] par l'Union européenne (UE).

Si ce n'était la situation critique dans laquelle se sont retrouvées des centaines de milliers de personnes en Libye et la recrudescence de la menace terroriste dans le Sahel, les propos de certains responsables politiques occidentaux sur le risque de dissémination des armes et de leur utilisation inappropriée contre des civils pourraient presque prêter à sourire. En effet, les armes dont s'est servi le colonel Kadhafi pour combattre ses opposants – comme pour commettre ses exactions envers sa population – proviennent en grande partie de la Russie et des pays européens, dont la France. En 2009, 75 demandes d'agréments préalables ont été accordées et 58 autorisations d'exportations de matériel de guerre ont été délivrées par l'État français, pour un peu plus de 30 millions d'euros. La prise de commandes en 2009 s'est élevée à 19,1 millions d'euros. Il s'agissait d'armes légères, de munitions tous calibres, de missiles, de matériel de transmissions et de contre-mesures, de matériaux de blindage et de capacités d'imagerie[46]. Chacune de ces ventes est soumise à l'octroi d'une autorisation d'exportation par la Commission Interministérielle pour l'Étude des Exportations de Matériel de Guerre (CIEEMG), qui relève de la compétence du Premier ministre. Au niveau européen, la France se situait au 4e rang des exportateurs d'armes vers la Libye, derrière l'Italie, Malte et l'Allemagne. À elle seule, l'Italie représentait en 2009 un tiers du total des exportations d'armements de l'UE vers la Libye. D'autres personnalités ont préféré, dans des tribunes déclamatoires, traiter le dictateur libyen de « *fou, dément,*

[45] http://www.lemonde.fr/afrique/article/2011/02/24/l-ue-examine-la-possibilite-d-une-intervention-a-but-humanitaire-en-libye_1484780_3212.html#ens_id=1481986

[46] Rapport au Parlement « Les exportations d'armes de la France en 2009 », disponible sur le site http://www.sipri.org/research/armaments/transfers/transparency/national_reports/france/France%20report%2009

bourreau »[47], ce qui n'éclaire guère sur la complexité de la situation présente et risquait surtout de dédouaner involontairement ce dernier de la responsabilité de ses actes... Ces agitations médiatiques ne doivent pas cacher le fait qu'un accord-cadre de partenariat global, portant sur une coopération économique ainsi qu'en matière de défense et de sécurité, avait été signé en 2007 entre le gouvernement français et la *Jamahirya*[48] du colonel Kadhafi. Cet accord-cadre entre les deux pays a été rompu il y a très peu de temps, l'espace-temps d'une indignation ou d'un calcul stratégique…

En déplaçant le curseur de la réflexion à l'échelle européenne, on peut convenir que la vigoureuse action diplomatique française ayant conduit à l'adoption de la résolution 1973 (2011) par l'ONU n'a pas suffi pour masquer les insuffisances et les fractures de la diplomatie européenne. En effet, le refus d'Angela Merkel de voter en faveur de cette résolution ne peut être seulement expliqué par des considérations politiciennes intérieures allemandes (impopularité de l'engagement des militaires allemands en Afghanistan, nombreuses élections régionales à venir). Sur cette question majeure de politique internationale, le couple franco-allemand, moteur de la dynamique européenne, a montré ses limites et son désaccord. Entre la faiblesse de la représentation du SEAE, que l'activisme individuel des États européens tend à compenser, et l'incapacité à réaliser une union politique significative, l'UE donne malheureusement des arguments à ceux qui voient dans l'Europe actuelle une union d'opportunités, et non de pérennité. Les erreurs d'appréciation et de réaction politiques (volontaires ou non) envers le régime libyen de Kadhafi ne peuvent donc pas être occultées et constituent le contre-exemple parfait d'une véritable union politique à l'échelle européenne.

Si le « printemps arabe » a tiré sa force endogène des peuples qui se sont soulevés, il serait faux de croire que seul l'idéal de

[47] « Oui, il faut intervenir en Libye » Collectif (N. Bacharan, J. Birkin, et al), *Le Monde*, 15 mars 2011.

[48] Signifie en arabe « L'État des masses », raccourci du nom donné en 1977 par le colonel Khadafi à la Libye : *Jamahiriya arabe libyenne populaire et socialiste*.

démocratie a guidé ces mouvements. Le contexte économique de ces pays en a été aussi un élément primordial[49]. Bien que la résolution 1973 (2011) de l'ONU et les actions militaires qui en ont découlé aient provoqué la chute du régime dictatorial de Kadhafi, elles ne doivent pas provoquer d'amnésie sur les pratiques passées, comme sur celles à venir, qui pourraient être imprudemment engagées par les gouvernements de pays démocratiques avec un ou des pouvoirs autocratiques et violents (cf. Syrie). Sur l'échiquier mondial, les pays occidentaux vont devoir comprendre les nouvelles règles du jeu, et être plus attentifs aux cases où les anciens pions peuvent soudain devenir des rois… ou des fous.

La mosaïque guerrière des conflits au Soudan

Autre lieu, autres conflits : ceux du Soudan. Selon un rapport non officiel, rédigé récemment par trois anciens membres du panel d'experts de l'ONU chargés de surveiller les violations de l'embargo sur les armes au Darfour, le gouvernement soudanais continuerait de s'approvisionner en munitions de fabrication chinoise pour attaquer les civils au Darfour. La montée en puissance des affrontements ouverts entre le Soudan et le Soudan du Sud a fait resurgir le spectre d'une nouvelle guerre entre ces deux entités, sur fond de contrôle des gisements pétrolifères et de lutte contre l'hégémonie du pouvoir de Khartoum.

La guerre oubliée du Darfour

Plus de dix ans après le début du conflit, en février 2003, le bilan humain est sans appel : environ 3 millions de personnes déplacées (sur 6 millions d'habitants) et 200 000 victimes directes du conflit (mais l'ensemble des décès supplémentaires imputables à la crise approcherait 300 000). La réduction dramatique de la couverture médiatique du conflit au Darfour n'empêche pas une toute autre réalité de s'imposer à ses habitants : la guerre continue belle et bien, même si elle revêt d'autres formes. Désormais, il semble que le gouvernement de Khartoum ait adopté une tactique

---

[49] « Un plan Marshall pour l'Afrique du Nord », J.-F. Daguzan, *Le Monde*, 17 mars 2011.

plus ciblée en s'attaquant spécifiquement au groupe ethnique des *Zaghawa*, en déployant des miliciens « non arabes », en écho à sa tactique précédente qui avait été d'utiliser abondamment les *Janjaweed*, les fameux « cavaliers du diable », hommes issus principalement de tribus nomades. Plus de 70 000 civils auraient fui le Darfour depuis les attaques de 2011. En 2010, les forces armées soudanaises avaient déjà lancé une vaste offensive contre les forces rebelles du *Sudan Liberation Movement* (SLM) d'Abdel Wahed Nur, dans le massif montagneux du Jebel Mara, provoquant le déplacement d'au moins 100 000 personnes, majoritairement des populations civiles. La violence de ces attaques, notamment sur la ville de Deribat, et l'impossibilité pour les ONG humanitaires présentes dans le Jebel Mara d'accéder à ces populations ont provoqué une catastrophe humanitaire, sans que les médias ni les politiques ne s'en fassent véritablement l'écho.

Depuis 2011, les bombardements aériens dirigés contre les populations civiles ont repris, notamment dans des zones habitées par des *Zaghawa*, comme Shangal Tombay. Dans ce contexte de poursuite du conflit, que les accords de paix signés en 2006 au Nigeria puis à Doha n'ont pas réglé, les diverses forces rebelles ont repris l'initiative politique, en se regroupant au sein du *Sudan Revolution Front* (SRF). Ainsi, les branches du *Sudan Liberation Movement/Army* (SLM/A), dirigées respectivement par Minni Minawi et Abdel Wahed Nur, ont renforcé leur coopération politique et militaire avec le *Sudan People Liberation Army/North* (SPLA-N), dans le cadre du SRF. Cette régionalisation des enjeux politico-militaires complique encore la tâche de l'ONU et de l'Union Africaine, dont les deux forces déployées – l'UNAMID (*UN-African Mission in Darfur*) au Darfour et l'UNMISS (*UN Mission in South Sudan*) au Sud Soudan – n'ont ni le mandat ni la capacité opérationnelle de faire face aux conflits synergiques (Darfour, Sud Kordofan, Nil Bleu et Monts Nuba) qui secouent désormais ces deux pays.

La mobilisation de Khartoum contre le Soudan du Sud

Les modalités de la partition du Soudan en deux pays, suite au référendum d'autodétermination du Sud Soudan en 2011, et surtout l'absence de règlement diplomatique préalable du statut des zones pétrolifères qui chevauchent la frontière de ces deux nouveaux États, rendaient quasiment inévitable la résurgence de nouveaux affrontements entre les ennemis d'hier.

La ville pétrolière d'Heglig est devenue en avril 2012 le symbole de ce conflit qui, dans les paroles des dirigeants de Juba (Soudan du Sud) mais aussi de Khartoum (Soudan), devient une véritable guerre ouverte. Après de multiples attaques du territoire sud-soudanais, par voies terrestre et aérienne, les responsables du Soudan du Sud ont en effet attaqué la ville d'Heglig, située au Sud-Kordofan, et donc en territoire nord soudanais, même si elle est habitée essentiellement par des *Dinka* et des *Nuer*, ethnies sud soudanaises. Cette attaque illustre les deux objectifs contradictoires des protagonistes soudanais : le pétrole et la nature du régime politique à Khartoum. Il n'est pas un hasard que le gouverneur de la province du Sud Kordofan soit Ahmed Mohammed Aroun, ancien ministre nord soudanais chargé des affaires humanitaires lors des premières années du conflit au Darfour (à partir de 2003), et désormais inculpé par la Cour Pénale Internationale pour crimes de guerre et crimes contre l'humanité. Or, ce dernier apparaît sur un document récupéré par le SPLA-N dans les Monts Nuba et diffusé par la chaîne qatarie Al Jazeera, dans lequel il déclare à des miliciens et des membres des forces armées soudanaises : *« Faites place nette, chassez-les, occupez-vous en ! Ne les ramenez pas vivants ! »*. Bien que l'Union Africaine et l'ONU aient demandé au SPLA-N de se retirer d'Heglig – dont le gisement représente la moitié de la production pétrolière soudanaise – et qu'Haroun ait contesté avec force les propos diffusés, on constate que tous les ingrédients pour une nouvelle guerre meurtrière entre les deux Soudan sont en place.

La dynamique fédératrice du *Sudan Revolution Front* (SRF)

Initié au départ par les trois principaux groupes rebelles du Darfour
– *Justice and Equality Movement* (JEM), ainsi que les deux branches du SPLM/A, celles des *Fur et des Zaghawa* –, le SRF a déjà obtenu quelques succès militaires, mais curieusement, ni les médias internationaux, ni les organismes chargés de négocier la paix au Darfour, ne s'en sont fait l'écho. La raison possible est que la volonté politique affichée de ce « front » est de faire tomber le régime de Khartoum, et non de renégocier un nouvel accord de paix favorable au gouvernement central de Khartoum.

Au-delà de la stratégie militaire offensive obtenue par l'union des forces rebelles face au *National Congress Party* (l'actuel pouvoir soudanais), il faut noter que le SRF a déjà obtenu des soutiens non négligeables, que ce soit de membres influents de l'*Umma Party*, le parti dirigé par le petit-fils du célèbre Mahdi (vainqueur des anglais au Soudan en 1885), ou du *Beja Congress*, parti majoritaire à l'Est du Soudan, dont les volontés d'autonomie, pour ne pas dire d'émancipation, ne se sont jamais éteintes. Cette nouvelle capacité d'opposition politique, dans un pays où la liberté d'expression et de manifestation contre le pouvoir en place restait jusque-là très contrôlée, est également renforcée par l'impact socio-économique dans la société soudanaise de la chute de la rente pétrolière, mais aussi par la colère suscitée par les conditions d'accès difficiles aux soins et autres besoins humanitaires de dizaines de milliers de déplacés fuyant les combats du Nil Bleu et des Monts Nuba.

Dans cette « mosaïque complexe » que sont les deux Soudan, la poursuite des combats a désormais un retentissement humanitaire majeur, provoquant le déplacement de populations et accroissant considérablement les risques de famines. Le *statu quo*, savamment entretenu par les gouvernements de Khartoum et de Juba, mais aussi par les instances diplomatiques de l'Union Africaine, de la Ligue Arabe et des Nations Unies, semble de moins en moins tenable.

Une diplomatie « globale » en manque de constance et de cohérence

La situation actuelle de conflit entre les deux Soudan, mais également celle qui persiste à l'intérieur même du (Nord) Soudan, est source de graves conséquences, aussi bien pour les populations de ces deux pays que pour la stabilité politique et économique internationale.

Des tensions diplomatiques fortes se poursuivent au sein du Conseil de sécurité des Nations Unies (opposant notamment la Russie et la Chine aux autres membres du CSNU). Les livraisons illicites d'armes et de soutien en matière de renseignement se sont également accentuées des deux côtés, pendant que l'Est du Soudan affirme des velléités sécessionnistes. De nombreuses populations civiles sont déplacées et trouvent refuge dans des pays limitrophes ou dans des zones plus calmes. L'accès humanitaire à ces populations reste difficile voire instrumentalisé, mais cela n'est pas une nouveauté au Soudan. Enfin, cette situation de conflit larvé pourrait résulter en une capacité réelle de déstabilisation régionale, au Nord (Tchad, Centrafrique, Libye), au Sud (Ouganda, RDC, Kenya, Éthiopie) et à l'Est (Érythrée) des deux Soudan.

La faillite actuelle des institutions internationales et des organisations régionales à parvenir à une solution humainement satisfaisante et politiquement acceptable au Darfour, après plus d'une décennie de conflit, rend peu optimiste sur l'issue de ce conflit aux enjeux territoriaux, énergétiques, mais aussi de gouvernance politique. Le Sud possédant aujourd'hui la majorité des outils de production (les gisements pétrolifères) et le Nord les infrastructures de distribution (les pipelines), il en résulte que seule une coopération entre ces deux États pourrait éviter une guerre qui ne ferait, à coup sûr, que des perdants. Les dynamiques sanglantes et anciennes des relations entre Soudan et Soudan du Sud augurent plutôt des décisions fondées sur la passion plus que sur une vision réaliste des enjeux. Les aspirations d'une partie non négligeable de la population du (Nord) Soudan à changer de régime, la corruption endémique qui sévit au sein de la classe dirigeante sud soudanaise et les intérêts égoïstes géostratégiques des différents pays qui s'intéressent à la question soudanaise, rendent peu probables une issue favorable de la situation, encore moins dans une vision de court terme.

Toutefois, avant de discuter « *thérapeutique* », c'est-à-dire des moyens diplomatiques et éventuellement coercitifs à mettre en œuvre, il faudrait s'entendre sur le « *diagnostic* » et contester la terminologie de guerre « contenue » dans la région des Soudan. Il s'agit de conflits non pas contenus mais continus, qui affectent en premier lieu la vie – et la survie – des populations civiles. Ils affectent aussi la stabilité régionale d'États voisins fragiles ou faillis, et l'économie internationale, avec des répercussions sur une hausse possible du cours du pétrole. Si le concept de « Responsabilité de Protéger » devait être réellement appliqué, la région des Soudan constituerait une urgence immédiate. Mais cette priorisation est aussi dictée par la présence ou l'absence d'informations véhiculées par les médias. En effet, l'écho médiatique est désormais un corollaire indispensable à l'action humanitaire et à l'engagement des grandes puissances. À cet égard, le Darfour constitue un exemple pertinent.

Le « tri sélectif » de l'information comme nouvelle « échologie » des médias : l'exemple du Darfour

Les relations entre médias, humanitaires et politiques font l'objet depuis quelques années d'une attention renouvelée et soutenue. Les interactions entre ces acteurs ont été maintes fois mises en exergue, aussi bien dans leurs interactions positives que dans les situations de confusion qu'elles peuvent générer. L'ambiguïté, et souvent la porosité, de ces liens sont sources d'interrogations et parfois de critiques. D'autre part, la nature de ces rapports, notamment entre médias et humanitaires, a évolué de façon significative au cours des dernières années. En effet, la proximité des débuts – associant un militantisme partagé à un intérêt commun bien compris – a été progressivement remplacée par un regard plus critique, et sûrement plus objectif, des médias sur l'action humanitaire, entraînant de fait une distension progressive de cette relation privilégiée. Il paraît toutefois impossible de disjoindre la réflexion sur médias et humanitaires de celle concernant médias et politiques. En effet, il s'agit d'une relation triangulaire, à la fois globale mais aussi s'exerçant bilatéralement entre chacun des acteurs. Le centre de gravité de cet ensemble n'est pas figé, mais la tendance de ces dernières années est un renforcement du couple médias-politiques et un affaiblissement du couple médias-humanitaires, avec simultanément une volonté d'appropriation de la terminologie humanitaire par les politiques, notamment pour la mise en place d'actions civilo-militaires ou de stratégies « militaro-humanitaires ».

Assiste-t-on aujourd'hui, de la part de certains journalistes, à un « tri sélectif » de l'information qui jetterait les bases d'une nouvelle *échologie* médiatique ?

Pour un éclairage instructif de ce néologisme, je prendrai l'exemple du traitement médiatique actuel de la situation au Darfour. Pendant plusieurs années, la question du Darfour a occupé de façon plus ou moins prégnante l'espace médiatique international. Conflit fragmenté de lecture difficile, les racines de cette urgence complexe sont multiples et enchevêtrées. En effet, la toile de fond de l'ensemble des causalités de la crise au Darfour – remise en cause du partage de la terre, pourrissement de conflits intercommunautaires déjà anciens, sécheresse et raréfaction des ressources exacerbant la compétition entre cultivateurs et éleveurs et provoquant des mouvements migratoires déstabilisateurs, affaiblissement continu des structures traditionnelles de gestion des conflits, multiplication des armes et de l'insécurité – est avant tout celle du sous-développement endémique d'une région périphérique délaissée par le pouvoir central de Khartoum. Avec environ 3 millions déplacés internes et 250 000 réfugiés au Tchad et en Centrafrique, ce sont presque 4 millions de personnes (sur 6 millions d'habitants dans cette région) dont l'existence a été affectée par le conflit. L'enlisement de la crise semble lié tout autant à la multiplicité et la complexité de ses déterminants (politiques, sociologiques, économiques et historiques) qu'à la méthode utilisée par la communauté internationale pour parvenir, le plus rapidement possible, à la signature d'un accord de paix – celui d'Abuja en 2006 – difficilement acceptable en l'état par les mouvements rebelles. Dans un contexte pré-électoral tendu au Soudan, il semble que la communauté internationale ait reproduit les mêmes erreurs, imposant une diplomatie du *deadline* aux factions rebelles, tout en répondant à la demande politique de Khartoum d'avoir un accord de paix signé avant les élections présidentielles. Personne ne pouvait nier la nécessité d'une dynamique en faveur d'un accord de paix pour le Darfour, mais celui-ci devait-il se faire à n'importe quel prix ? Et quel rôle les médias ont-ils joué dans la couverture de ce processus ? Étaient-ils présents uniquement pour se faire les relais d'une stratégie politique institutionnelle ou ne devaient-ils pas aussi rapporter et analyser les informations crédibles qui contredisaient les positions officielles ?

Ces interrogations, qui interpellent ouvertement les médias dans leur indépendance et leur impartialité du traitement de l'information, paraissent légitimes au vu du déséquilibre – aussi bien quantitatif que qualitatif – de la gestion des informations en 2012 entre les pourparlers de paix à Doha et la crise humanitaire qui frappe les habitants du Jebel Mara, au Darfour. En effet, le jour même où le président El-Béchir affirmait que « *la guerre au Darfour est terminée* » et où le président français Sarkozy se félicitait du cessez-le-feu signé à Doha entre le JEM et le gouvernement soudanais, les combats dans la vallée de Deribat entre forces armées soudanaises aidées de milices pro-gouvernementales et forces rebelles de l'Armée de Libération du Soudan d'Abdul Wahid El Nour (SLA-AW), provoquaient initialement le déplacement massif de plus de 50 000 personnes. Dans un communiqué de presse, l'ONG Médecins du Monde a décrit les conséquences humanitaires et sanitaires de ce déplacement de populations, portant à au moins 100 000 le nombre de déplacés internes (IDPs- *internal displaced persons*), dans cette zone montagneuse du Darfour y compris les équipes médicales soudanaises. De façon surprenante, la confrontation journalistique entre la parole « officielle » des politiciens impliqués dans les négociations de Doha et celle des humanitaires révélant la réalité du terrain – prouvant que la paix au Darfour n'est pour l'instant rien d'autre qu'une formule de communicant – a été plutôt rare et plutôt le fait de médias non français. En effet, aucun grand quotidien ou média audiovisuel de notre pays ne s'est fait l'écho de l'ampleur de la crise humanitaire qui frappait les populations du Jebel Mara et n'a remis en cause, avec un minimum de professionalisme journalistique, la parole officielle du (ou des) pouvoir(s).

Cet exemple précis pose la question des leviers et des réseaux qui permettent à une information d'être diffusée et traitée avec l'attention requise. Comme tout processus humain, il résulte d'une logique où l'objectivité et les éléments de preuve ne sont pas forcément les arguments prédominants. Néanmoins, lorsque les variations de traitement de l'information prennent une forme aussi caricaturale, il est nécessaire d'y prêter attention, afin de comprendre et d'en corriger les déterminants. Initier une réflexion apaisée avec les journalistes sur la réalité du « tri sélectif » de l'information, sur les enjeux qui se profilent derrière cette nouvelle *échologie* médiatique et sur l'impact de cette asymétrie dans les relations actuelles médias-politiques / médias-humanitaires, s'avère indispensable…

Le conflit syrien : entre questionnements et impuissance

Dans un article du *Monde* du 24 novembre 2011, Rony Brauman et Bernard-Henri Lévy se sont violemment affrontés sur le caractère « juste » de la guerre menée en Libye par la coalition occidentale et qui a permis, avec l'aide des insurgés libyens, la chute du régime du colonel Kadhafi. La virulence des postures réciproques donnait presqu'à penser qu'on ne parlait pas du même pays ! Cette controverse intellectuelle est peut-être l'occasion d'en tirer des leçons, pour s'interroger avec plus de finesse sur la situation en Syrie.

La population civile libyenne, qui a simultanément souffert des mesures de répression mises en place par le régime Kadhafi et des conséquences inévitables d'une guerre civile urbaine, n'apprécierait peut-être pas d'être ainsi mise au centre d'un débat idéologique. Comme le Darfour hier, et peut-être demain la Syrie, la Libye n'était plus, dans ce face-à-face Brauman-Lévy, que le prétexte à la déclinaison idéologique de chacun. L'un cherche à convaincre par la raison, l'autre à persuader par les sentiments et la morale. Est-il si difficile d'affirmer son empathie et sa préoccupation pour les populations civiles, tout en réaffirmant la complexité d'une crise politico-militaire, tant dans ses origines historiques que dans la société dans laquelle elle se construit ? Il est probablement aussi déraisonnable de justifier une guerre pour des raisons humanitaires que de vouloir expliquer une crise politique par ses seules conséquences humanitaires…

Primo Lévi a écrit dans Les Naufragés et les Rescapés qu'*« il faut donc nous méfier de ceux qui cherchent à nous convaincre par d'autres voix que celle de la raison »*. Il faut l'écouter, comme il faut d'abord écouter les peuples dont on se prétend le porte-parole, la plupart du temps de façon illégitime. Comme a pu l'exprimer l'écrivain syrien Khaled Khalifa[50], la société syrienne, face à 40 ans d'un régime qui n'a pas ou peu bougé si ce n'est le prénom de son président, est dans l'envie réelle d'une (r)évolution démocratique. Les réactions violentes des autorités, qui ont déjà provoqué la mort de plusieurs centaines de milliers de civils, témoignent de la peur face à ce changement cataclysmique qui s'annonce et n'ont pas entamé la détermination d'une grande partie du peuple syrien à descendre dans la rue.

S'agit-il réellement d'un « paradigme syrien », comme l'affirme Rony Brauman[51], « fait d'une mobilisation populaire large et d'un refus admirable de céder à la tentation des armes et à la spirale de la violence » ? La situation actuelle en Syrie vient malheureusement démentir ces propos pleins d'humanisme.

Quelle(s) issue(s) possible(s) à la crise syrienne ?

Sur un plan géopolitique, la Syrie - *Bilad-El-Cham*[52] - est connectée à de nombreux pays (Irak, Liban, Turquie, Israël, Jordanie), dont certains sont encore très fragilisés et pour lesquels

---

[50] http://www.grotius.fr/la-revolte-syrienne-un-entretien-avec-l%E2%80%99ecrivain-et-scenariste-khaled-khalifa/

[51] http://www.lemonde.fr/idees/article/2011/11/24/l-operation-libyenne-etait-elle-une-guerre-juste-ou-juste-une-guerre_1608874_3232.html

[52] Étymologiquement, le terme signifie « terre de la main gauche ».

une déstabilisation supplémentaire de ce pays aurait des conséquences désastreuses.

Les rues de Homs ou de Damas demeurent le théâtre de combats asymétriques et sanglants entre manifestants et forces de l'ordre. Les sanctions économiques sévères à l'égard de la Syrie et les restrictions de circulation pour les dirigeants syriens, envisagées récemment par la Ligue arabe, confirment que la technique de l'asphyxie progressive du régime a été préférée à celle de la démonstration de force internationale. Bien que les États-Unis et différents pays européens aient la preuve de l'utilisation d'armes chimiques par le régime syrien de Bachar-el-Assad, le franchissement de cette ligne rouge, comme l'a exprimé le Président Obama, n'a pas suffi pour que les États-Unis quittent leur posture du *Lead-from-behind* (diriger depuis l'arrière) et engagent une action internationale. Les risques de déstabilisation régionale, notamment au Liban, incitent toutes les puissances occidentales à une grande prudence, car les expériences afghanes et irakiennes sont présentes dans tous les esprits. L'émergence de l'organisation État islamique et la menace globale qu'elle représente désormais sont en train de faire bouger les lignes, en incitant les gouvernements occidentaux à plus d'interventions directes, par des frappes aériennes et éventuellement au sol.

Une lecture médiatique de la crise syrienne se résumant à un décompte des morts et à une indignation – humainement justifiée – sans décryptage approfondi des déterminants réels de cette crise politique, dans l'une des régions les plus tendues au monde, ne permettra pas de poser un diagnostic correct, et encore moins d'en déduire les solutions appropriées.

Les combats qui font rage en Syrie ont déjà fait plus de 310 000 morts. L'accès humanitaire y est toujours extrêmement difficile (voire impossible pour la plupart des ONG) malgré les négociations menées par le CICR, l'accès aux soins y étant même devenu un élément tactique de contre-insurrection pour le pouvoir syrien. Contrairement à ce que l'on pouvait pressentir, aucune solution politique directe et cohérente ne semble se dégager.

La complexité des enjeux autour de la situation en Syrie ne parvient plus à en masquer l'horrible simplicité. Un pouvoir aux abois est en train d'assassiner son peuple, empêchant toute forme d'aide élémentaire de parvenir à ceux qui en ont besoin. La ville de Homs, ville martyre, et sa population, ont été sacrifiées par le régime alaouite, afin de désamorcer le processus qui aurait pu mener à sa destitution. Ophtalmologue de formation, Bachar El-Assad est un médecin qui avait le sang en horreur mais qui en a désormais les mains pleines. La mort récente de plusieurs journalistes, l'exfiltration difficile des blessés vers des pays voisins, la défection de plusieurs ministres, illustrent le point de non-retour qui a été atteint. Même si la déstabilisation de la Syrie, pays pivot du Moyen-Orient, apporte une réelle incertitude sur les jeux politiques et militaires des pays avoisinants (comme l'Irak, le Liban, Israël ou l'Iran), la poursuite du massacre en Syrie est porteuse de dangers encore plus importants. Les positions fermes des États-Unis, de l'Europe et de la Ligue arabe, ponctuées de sanctions diplomatiques et économiques, ne parviennent pas à faire plier ce régime car l'objectif essentiel pour tous est désormais Daech. Cette incapacité des grandes puissances pointe, d'une part, la nécessaire réforme du Conseil de sécurité des Nations Unies, garant de la paix et de la sécurité internationales, mais aussi les différences importantes de concept des relations internationales exprimées par les régimes russe et chinois. On est loin d'un consensus sur l'application d'une « paix libérale », pourtant le modèle dominant actuel.

L'attitude hostile de Moscou et Pékin à toutes ces initiatives diplomatiques traduit-elle la « puissance » réelle de ces deux pays face à un « bloc occidental » – et ses alliés – qui s'est senti trop confiant dans sa capacité de dissuasion politico-militaire après l'épisode libyen ? L'offensive russe s'apparente à un défi ouvert entre deux conceptions d'exercice du pouvoir et de la place des peuples face à ce pouvoir. De leur côté, les gouvernements occidentaux et leurs alliés arabes sunnites approuvent et légitiment certains mouvements rebelles, tout en prenant leurs distances avec certains groupes qualifiés désormais de terroristes, comme le Front Al-Nosra.

Ne pouvant trouver d'issue politique, les gouvernements occidentaux et leurs alliés arabes tentent maintenant de trouver une issue humanitaire, avec l'aide des Nations Unies. Si la critique diplomatique est partagée par ces derniers, le régime autocratique syrien a pourtant semblé fréquentable de nombreuses années, car l'absence de démocratie était compensée par la perception de son utilité dans les négociations (avec l'Iran), voire de stabilisation (au Liban) à l'échelle régionale. C'est donc plus contraints et forcés par l'extrémité des violences syriennes, inacceptables aux yeux de l'opinion publique, que les occidentaux ont « lâché » le pouvoir de Damas. On notera toutefois le quasi-silence de la diplomatie européenne, et en particulier du SEAE, affaiblissant *de facto* les négociations en cours, aussi bien avec la Syrie qu'avec la Russie ou la Chine.

L'Histoire récente montre que lorsque les États commencent à brandir l'argument humanitaire, c'est qu'ils se trouvent à court d'option stratégique, politique comme militaire. On se souviendra de l'incongruité des « *corridors humanitaires* » proposés par la diplomatie française au Darfour, alors qu'il s'agissait (et s'agit toujours) d'une zone de conflit sans ligne de front délimitée, en tâche de léopard. Que des propositions similaires soient faites aujourd'hui concernant la Syrie manque singulièrement de clairvoyance sur les réalités opérationnelles de ces *guerres de guérilla*[53], conflits asymétriques où combattants et civils sont intimement mêlés, devenant tous des cibles légitimes pour les violences des forces de l'ordre et des milices *chahiba* syriennes. Les dizaines de milliers de civils, dont bon nombre de blessés – soignés souvent très sommairement, voire amputés – ayant déjà gagné le camp jordanien de Riba Al-Sarhan, témoignent aussi de cette violence indiscriminée. Les efforts du CICR, de l'ancien Secrétaire général des Nations Unies, Kofi Annan, ou ceux du diplomate Lakhdar Brahimi, pour négocier un accès humanitaire en faveur des populations civiles ne permettent pas d'entrevoir d'accord tangible de cessez-le-feu. À cet égard, le destin syrien suivra-t-il le destin soudanais ? Celui d'un régime autocrate,

[53] E. Che Guevarra, *La guerre de guérilla*, Edition Champs essais-Flammarion, 2010.

violent, doté de forts leviers de coercition militaro-politique, mais aussi disposant de précieux appuis internationaux, comme ceux de la Chine et de la Russie, lui assurant une survie politique et institutionnelle…

Dans les catastrophes naturelles et technologiques

Une catastrophe naturelle peut être définie comme « un événement néfaste, destructeur, le plus souvent brutal et soudain, provoquant des destructions matérielles importantes, ainsi qu'un grand nombre de victimes et une désorganisation sociale notable[54] ». Historiquement, les catastrophes naturelles – comme le tremblement de terre de Lisbonne en 1755, qui fit 60 000 morts – ont été à l'origine des premières missions humanitaires « laïques ». Pourtant, il a fallu attendre le 8 décembre 1988 pour que les Nations Unies adoptent une résolution consacrant le principe de libre accès aux victimes. Il s'agit du « tournant de 1988[55]», préfigurant le très décrié droit d'ingérence, mais dont l'un des mérites est d'avoir permis que l'Union soviétique fasse appel au soutien de la communauté internationale après le terrible tremblement de terre survenu en Arménie la même année. La possibilité pour les ONG de délivrer des secours en période de conflits armés ou de catastrophes naturelles dépend, du moins en partie, de leur capacité à maintenir les principes d'humanité, d'impartialité, d'indépendance et de neutralité, à distance de tout agenda politique. Ceci est particulièrement vrai lorsqu'une catastrophe naturelle survient dans un environnement préalable de conflit, comme cela fut le cas lors des inondations au Pakistan en 2010, mais aussi lors du tsunami de 2004, au Sri Lanka. Les relations civilo-militaires (ou plutôt militaires-humanitaires) représentent donc une problématique politique et opérationnelle pour les ONG qui interviennent dans ces contextes. En effet, toute association, réelle ou perçue comme telle, avec une partie au conflit peut compromettre de façon sérieuse l'accès aux populations affectées. Le tremblement de terre en Haïti survenu en

---

[54] *Ethique et médecine des catastrophes*, ouvrage collectif, Éditions du Conseil de l'Europe, Strasbourg, 2002.

[55] F. Rubio, « La solidarité internationale » in *Questions Internationales* : les catastrophes naturelles, La Documentation française, n° 19, mai-juin 2006.

2010, tout comme les inondations au Pakistan, illustrent la nécessité d'un plaidoyer collectif cohérent de la part des ONG pour que les principes de l'action humanitaire soient renforcés et respectés par les acteurs militaires, publics comme privés.

Toutefois, ces catastrophes qualifiées de « naturelles » surviennent bien souvent sur des terrains où les catastrophes socio-économiques, voire politiques, ont déjà frappé les populations. Dans le cas d'Haïti, il s'agit plus d'une catastrophe sociale que naturelle : l'épisode tellurique a fait émerger d'autres failles. Haïti a en effet également été le théâtre d'une épidémie de choléra, provoquée vraisemblablement par des mesures d'hygiène défectueuses dans un camp de soldats népalais de la MINUSTAH (Force de maintien de la paix des Nations Unies en Haïti), plusieurs de ces derniers étant porteurs, sinon malades, du choléra. Enfin, l'urbanisation galopante qui marque le début de XXIe siècle a fait en sorte que la présence couplée d'une catastrophe naturelle et d'un accident technologique majeur ne relève plus de l'improbable, comme l'a démontré le tremblement de terre survenu au Japon en janvier 2011 et aura provoqué la catastrophe nucléaire de Fukushima. Celle-ci doit interroger le monde occidental sur ses capacités organisationnelles et financières à pouvoir répondre à de tels événements, ici ou ailleurs. En effet, des puissances économiques majeures (comme le Japon ou les États-Unis) se sont révélées impuissantes à faire face correctement aux lourdes conséquences de catastrophes de grande ampleur survenant dans leur propre pays.

De la Louisiane à Haïti : des catastrophes socio-naturelles

L'actualité en Haïti est venue douloureusement nous rappeler que l'égalité pour tous, face aux caprices de la nature n'existe pas. Elle vient également révéler des crises sociales oubliées du citoyen lambda, comme des États ou des bailleurs internationaux. Dans un contexte de réchauffement climatique, mais aussi de crise financière mondiale, il convient de questionner le caractère « naturel » de ces catastrophes et s'assurer que les modalités d'intervention de la communauté internationale, aussi hétérogènes soient-elles, s'inscrivent d'abord dans une vision de solidarité envers les personnes affectées et non dans une stratégie d'intérêt politique et/ou économique.

Moins meurtrières qu'en 2008[56], 850 catastrophes naturelles ont été enregistrées en 2009 et ont causé la mort de plus de 10 000 personnes. En 2012, on estime que plus de 500 catastrophes (naturelles et technologiques) ont eu lieu[57], entraînant le décès d'un peu moins de 10 000 personnes. Leur coût économique en 2012 a été évalué à 196 milliards d'euros. Les dégâts provoqués par le typhon Hayan aux Philippines sont à eux seuls estimés entre 6 et 14 milliards d'euros. Si la survenue de séismes reste stable, le réchauffement climatique semble intensifier les phénomènes météorologiques extrêmes comme les cyclones, les ouragans et les inondations. L'accroissement de la population vivant dans des régions côtières et la violence de ces événements sont souvent présentés comme les facteurs explicatifs de l'augmentation notable de la mortalité qui en résulte[58].

Dans une perspective de gestion du risque, et donc d'anticipation des causes et d'atténuation (*mitigation*) des effets possibles d'une crise, il faut rappeler que l'« *équation du risque* » est la résultante croisée d'une menace *et* d'une vulnérabilité. Les progrès technologiques et scientifiques permettent d'appréhender avec plus de précision les lieux et les intensités des nouvelles menaces, qu'elles soient sismiques ou autres. Pourtant, il est maintenant formellement établi[59] que le nombre de victimes des tremblements de terre est davantage lié au niveau de paupérisation des populations qu'à leur densité ou à l'activité sismique. La vulnérabilité des populations détermine donc le risque final, bien plus que l'intensité en soi de la menace tellurique.

---

[56] 220 000 morts.

[57] http://worlddisastersreport.org/en/data/index.html

[58] 600 000 décès sur la période 1987-1996 ; 1,2 million entre 1997 et 2007.

[59] Des chercheurs ont recensé tous les séismes survenus depuis 1900, en comparant les pertes humaines. P. Le Hir, « Catastrophe et pauvreté, la double peine ». *Le Monde*, 23 janvier 2010.

Haïti et La Nouvelle-Orléans : catastrophes en miroir

Les événements de janvier 2010 en Haïti, qualifiés de catastrophe naturelle par les médias malgré des conditions politico-économiques et sociales extrêmement dégradées au préalable, renvoient à la situation qu'a connue le sud-est des États-Unis lorsque, en août 2005, l'ouragan Katrina a dévasté la ville de La Nouvelle-Orléans. Par un effet miroir, s'affrontent les contrastes de niveaux de vie différents entre ces deux pays voisins, mais aussi les similitudes des conséquences pour les populations vivant dans la précarité. En Haïti, cette vulnérabilité concerne la majorité de la population, alors qu'en Louisiane elle concernait uniquement certaines catégories de personnes aux conditions de vie bien identifiées. Des travaux récents[60] ont montré que, à La Nouvelle-Orléans, les Afro-américains et les personnes disposant de peu de ressources (ces deux catégories se chevauchant très souvent) ont été impactés de manière disproportionnée par rapport à l'ensemble de la population. Les disparités observées étaient de trois ordres : selon l'origine ethnique, les modalités d'habitation (locataire ou propriétaire), et le niveau de pauvreté et d'emploi. Tout d'abord, les quartiers occupés par des Afro-américains ont été bien plus nombreux à être détruits. De plus, 47,5 % des maisons situées dans les quartiers affectés par Katrina étaient occupées par des locataires, contre 30,9 % des maisons dans les quartiers non atteints. Enfin, dans les zones touchées, plus de 20 % des foyers vivaient en dessous du seuil de pauvreté et presque 8 % des personnes en âge de travailler étaient sans emploi avant la tempête.

En Haïti, ce tremblement de terre était difficilement prévisible, mais la catastrophe humanitaire et sanitaire qu'elle a entraînée – au moins 170 000 morts et un million de sans-abri – l'était. En effet, elle a révélé une autre crise, politique et sociale, qui dure depuis l'accession d'Haïti à l'indépendance en 1804. Dans une indifférence polie du monde occidental, 80 % de la population haïtienne vit aujourd'hui avec moins de 2 $ par jour et un taux de

[60] Logan J.R., *The impact of Katrina: race and class in storm-damaged neighbourhoods*, Brown University, 2006. http://www.s4.brown.edu/katrina/report.pdf

mortalité infantile à 59,7 / 1000 naissances[61]. Le produit intérieur brut par habitant (1 300 dollars US) classe Haïti à la 203e place mondiale sur 229 pays[62]. Comme l'a souligné Harald Welzer[63], *« les catastrophes sociales mettent à nu les coulisses de la société et en révèlent les fonctionnements et dysfonctionnements cachés ; elles ouvrent des fenêtres sur la vie souterraine des sociétés [...]. Elles font ressortir, en matière d'espérance de vie et de survie, les inégalités normalement amorties par les institutions [...] »*.

Humanitaire et reconstruction : une solidarité de façade?

La destruction massive des infrastructures et des habitations, à la Nouvelle-Orléans comme à Port-au-Prince, a rendu nécessaire la mise en œuvre d'ambitieux plans de reconstruction. Ceux-ci offrent l'occasion de remodeler l'environnement socio-économique, voire d'accélérer des réformes structurelles qui n'avaient pas pu s'imposer jusqu'alors[64]. La privatisation accélérée du système scolaire[65] et l'utilisation de sociétés de sécurité privées, comme Blackwater[66], sont des exemples précis du « post-Katrina » à la Nouvelle-Orléans. En Haïti, l'intensité des destructions d'infrastructures liées à la violence du séisme, mais aussi les difficultés structurelles préalables (d'ordre aussi bien politiques, économiques que sociales) ont rendu une intervention internationale vigoureuse probablement nécessaire, qui, de plus, était réclamée par les dirigeants haïtiens. Néanmoins, l'enjeu à moyen terme de la reconstruction ne saurait occulter les enjeux immédiats du secours aux populations les plus touchées, qui,

---

61 Taux de mortalité infantile en France : 3,3 / 1000 naissances.

62 CIA, The World Factbook. https://www.cia.gov/library/publications/the-world-factbook/geos/ha.html

63 H. Welzer, Les guerres du climat. Pourquoi on tue au XXIème siècle, 2008, NRF essais. Ed Gallimard.

64 N. Klein, La stratégie du choc. La montée du capitalisme du désastre, 2008, Ed Actes Sud.

65 Ainsi, il ne reste plus à la Nouvelle Orléans que 4 des 131 écoles publiques ouvertes avant l'inondation, et les écoles privées (« charter schools ») sont passées de 7 à 31.

66 Scahill J. Katrina ou le phénomène des justiciers à outrance aux USA, 29 septembre 2005. http://www.alternatives.ca/fra/journal-alternatives/publications/archives/2005/volume-12-no-02/article/katrina-ou-le-phenomene-des

comme à la Nouvelle-Orléans, sont victimes de la « double peine »[67] : catastrophe et pauvreté.

Immédiatement après le tremblement de terre, les forces armées américaines entrèrent à Port-au-Prince pour prendre le contrôle de l'aéroport. Des représentants d'OCHA ont justifié cette absence de contrôle civil par la meilleure efficacité opérationnelle des militaires américains. Malgré les bénéfices réels apportés par cette aide en termes logistiques et de transport, cette militarisation de l'aide non subordonnée aux civils a entraîné des situations de confusion délétères et dommageables. En effet, l'absence de contrôle civil initial sur les opérations de secours a favorisé, lors des premières semaines post-telluriques, un certain nombre de dérives : refus d'atterrir à des avions transportant des hôpitaux de campagne, moyens de secours de certains pays dédiés à la recherche de leurs compatriotes[68], distribution de nourriture par hélicoptères[69], refus d'accès à des blessés dans les hôpitaux civils[70]. Certaines ONG n'auraient pas dû, comme elles l'ont fait, accepter une stratégie d'intégration des moyens logistiques à des fins politiques, violant ainsi les *guidelines* d'Oslo. L'urgence réelle et immédiate était de pouvoir accéder et de porter secours aux victimes de ce séisme. Il est évident que les États occidentaux initialement engagés sur le plan opérationnel devaient rapidement laisser la place à une coordination civile où l'État haïtien et la société civile haïtienne, même affaiblis, puissent jouer leur rôle, afin d'éviter les risques de partialité dans l'accès aux secours et d'insécurité (perçus comme réels)[71]. Malgré les demandes de « mise sous tutelle » internationale de la part du pouvoir haïtien, l'absence de clarté sur les motifs réels d'intervention (militaire, politique, économique) des pays occidentaux, tant dans la gestion de la crise humanitaire que dans celle de la reconstruction, a

---

[67] P. Le Hir, « Catastrophe et pauvreté, la double peine », *Le Monde*, 23 janvier 2010.
[68] Témoignages d'Haïtiens entendus à la radio le 17 janvier 2010.
[69] Témoignage de Marie-Pierre Allier, Présidente de MSF-F (*France Inter* le 18 janvier 2010).
[70] Témoignage de primo-intervenants sur *France Inter* le 18 janvier 2010.
[71] C. Losson, « A Cité-Soleil, la menace des gangs », *Libération*, 23-24 janvier 2010.

entraîné des sentiments de confusion et de colère parmi le peuple haïtien et a accru significativement le risque d'insécurité pour les acteurs humanitaires présents sur le terrain.

Le lourd bilan humain du dernier tremblement de terre en Haïti, comme la *géographie politique* altérée de La Nouvelle-Orléans « post-Katrina », soulignent la double responsabilité qui incombe aux acteurs – y compris aux ONG – intervenant sur ces catastrophes. En effet, au-delà des stratégies d'intervention d'urgence et du respect des principes de l'action humanitaire, ils doivent prendre en compte de façon plus systémique les facteurs de risques de survenue de ce type de catastrophes, mais aussi de leurs conséquences, et donc renforcer les axes de prévention et de plaidoyer, à l'échelle communautaire comme à l'échelle globale.

Mais surtout, des faits solides imposent désormais un prisme de lecture différent de celui relayé dans certains médias, mêlant fatalité et compassion. La réalité est bien plus froide, bien plus liée à des choix politiques. Les conditions de précarité socio-économiques des populations constituent le principal facteur de vulnérabilité (et donc de mortalité) lors de ces catastrophes, au final très peu « naturelles »... mais très sociales.

Haïti ou la géopolitique du choléra

Comme si les conséquences directes du tremblement de terre n'étaient pas suffisantes, l'épidémie de choléra qui a frappé Haïti a provoqué la mort de plus de 2 100 personnes et infecté au moins 150 000 autres.

Le travail considérable de prise en charge médicale et de prévention mené par plusieurs ONG, mais aussi par les mouvements de la Croix-Rouge, n'ont pas suffi à contenir cette pathologie infectieuse. Le risque à moyen terme est donc l'évolution vers un choléra endémique, dans un pays qui est déjà l'un des plus pauvres au monde. Les conclusions publiées par le Pr. Renaud Piarroux, parasitologue au Centre Hospitalier Universitaire de Marseille, corroborées par une étude américaine récente parue dans la revue *New England Journal of Medicine*[72], mettent en évidence l'origine asiatique de la souche de choléra responsable de cette épidémie. Au-delà des difficultés logistiques et organisationnelles de la prise en charge de cette épidémie par les autorités sanitaires haïtiennes et les ONG médicales présentes, ce nouvel éclairage vient pointer la responsabilité potentielle, bien qu'accidentelle, des soldats népalais de la MINUSTAH. Trois éléments viennent appuyer cette hypothèse. Tout d'abord, une épidémie de choléra sévissait à Katmandou, au Népal, à l'époque où sont arrivés les contingents népalais des soldats des Nations Unies. Deuxièmement, l'étude de la dynamique de propagation du choléra et de son intensité désigne clairement le camp onusien et le cours d'eau qui y passait en contrebas. Ce qui, au passage, rend caduques[73] toutes les cartes de l'ONU rendant compte de la propagation de l'épidémie à partir de l'Artibonite... Enfin, le séquençage génétique des souches de vibrions cholériques des patients haïtiens montre des relations étroites avec les souches de type *El Tor O1* isolées au Bangladesh lors des épidémies de 2002 et 2008. Il s'agit donc bien d'une souche isolée préalablement en Asie.

Le gouvernement français, qui avait commandité l'étude du Pr Piarroux, a choisi pour l'instant de ne pas se prononcer sur ses conclusions. Les autorités françaises ont saisi les évidentes implications géopolitiques qui pouvaient en découler, potentiellement aussi dévastatrices pour les Nations Unies et la communauté internationale que pour le peuple haïtien.

Dans ce pays déjà frappé par une forte précarité socio-économique, la responsabilité de l'origine épidémique pointant vers les pays d'Asie du Sud, combinée à la passivité relative de la communauté internationale (et notamment occidentale), peut se révéler un détonateur social et politique extrêmement préoccupant.

---

[72] C.S. Chin et al., « The Origin of the Haitian Cholera Outbreak Strain », *New England Journal of Medicine*, 2011 Janvier; 364(1): 33–42. http://www.ncbi.nlm.nih.gov/pmc/articles/PMC3030187/

[73] L. Guimier, *Les enjeux géopolitiques de la crise sanitaire en Haïti : le dessous des cartes*, septembre 2011, Grotius International. http://www.grotius.fr/crise-sanitaire-en-haiti/

En effet, plus que jamais, Haïti semble incarner le double discours des grandes puissances face aux situations catastrophiques, qu'elles ont parfois provoqué ou tout au moins laissé perdurer. Le discours politique d'affichage, vocal et ambitieux, et celui de l'action, en retrait et sous-financée, illustrent ces « fausses promesses », que les populations comprennent fort bien et tolèrent de moins en moins. Il est donc à envisager que la perception par les Haïtiens de ces puissances économiques, comme des organisations gouvernementales et ONG qui y sont associées, devienne de plus en plus négative. Cela peut entraîner des conséquences en termes de sécurité, et donc rendre l'accès aux populations vulnérables plus difficiles, même si leurs besoins humanitaires restent majeurs.

Ce « dommage collatéral onusien » risque de devenir le prétexte au refus de certains pays d'un déploiement de Casques bleus, voire de celui d'ONG humanitaires, arguant que même le principe de base du *primum non nocere* (« d'abord ne pas nuire ») n'est plus respecté. Cet accident va également constituer un « effet d'aubaine » pour les lobbys des entreprises militaires et de sécurité privées qui, depuis des années, assènent qu'elles seraient en mesure de remplacer plus efficacement les forces de maintien et d'imposition de la paix des Nations Unies sur les terrains de conflits et de post-conflits. La communauté internationale en général, et en particulier les Nations Unies, doivent reconnaître leur responsabilité et l'assumer, en accentuant leurs efforts de soutien aux organisations locales haïtiennes qui se battent depuis le jour du tremblement de terre (et pour certaines depuis bien plus longtemps), mais ne récoltent que des miettes des centaines de millions d'euros déversés sur Haïti depuis janvier 2010. Des familles haïtiennes se constituent aujourd'hui en collectifs pour porter l'affaire de l'épidémie du choléra devant des tribunaux, afin d'être dédommagées et pour que les Nations Unies puissent être reconnues responsables. Cette épidémie de choléra était pourtant évitable, si les mesures d'hygiène et de contrôle des soldats onusiens avaient été plus rigoureuses. Au final, elle risque d'être le déclencheur d'un nouveau séisme, plus insidieux et d'ordre géopolitique, dont on connaît aujourd'hui l'épicentre, mais dont ni l'intensité, ni le nombre de répliques ne sont prévisibles.

Inondations et guerre contre-insurrectionnelle : le cocktail pakistanais

Avant d'aborder directement les inondations d'août 2010 au Pakistan et leurs conséquences humanitaires, il est nécessaire de revenir sur la situation politique et sécuritaire du pays, marquée depuis 2009 par de larges offensives contre les talibans des districts de Buner, Lower Dir et de la vallée de Swat, tous situés dans ce qui s'appelait avant les Provinces Frontières du Nord-Ouest (NWFP) et qui se dénomme désormais Khyber Pakhtunkhwa (KPK). À la suite de ces offensives menées par les militaires pakistanais, la population civile s'est soit retrouvée prise au piège dans les hostilités, soit a fui. Ceux qui ont pu s'enfuir sont partis essentiellement dans les districts de Peshawar, Mardan et Swabi, mais certains sont allés jusqu'à Rawalpindi (banlieue d'Islamabad) et Lahore.

Ce déplacement brutal et important de populations s'est ajouté à des déplacements antérieurs causés par les conflits de part de d'autre de la ligne Durand, la contestée et néanmoins actuelle frontière afghano-pakistanaise. Selon les autorités pakistanaises et les Nations Unies, le nombre de déplacés se situe entre 1,6 et 2,2 millions de personnes. Les modalités des déplacements ne sont pas celles habituellement rencontrées lors des conflits, en Afrique par exemple, où peuvent émerger rapidement, de nulle part, des camps de déplacés comptant plusieurs dizaines, voire centaines, de milliers de personnes. Pour les Pakistanais, il s'agissait avant tout de préserver leur mode d'organisation sociale et culturelle, ce qui n'aurait pas été possible au sein de camps de déplacés. Lors du tremblement de terre de 2005, qui avait frappé notamment les populations Hazara, le même schéma avait pu être observé. Il est en effet plus difficile de garder du bétail au sein d'un camp d'IDPs et la chaleur sous les tentes aurait été insupportable. En fait, 80 % des déplacés pakistanais (jusqu'à 90 % dans le district de Swabi) ont trouvé refuge dans des familles hôtes, ou bien ont choisi de s'installer dans des lieux collectifs comme des écoles ou des édifices publics. La précarité préalable des populations hôtes, combinée à d'importants besoins humanitaires, a rapidement rendu la situation très difficile, majorant la paupérisation de l'ensemble de la population, hôtes comme déplacés.

En juillet 2010, le gouvernement central et celui du KPK ont annoncé que les villages d'origine des déplacés étaient désormais « *clear and safe* », en clair débarrassés des militants pro-talibans, et que les populations pouvaient y revenir sans crainte. Malheureusement, outre le fait que le principe même d'une guérilla est de se fondre dans la population (et donc que ces lieux n'étaient pas si « *clear and safe* »), le gouvernement et les militaires pakistanais ont procédé à de nombreux retours forcés, en violation de la législation existante. Cette législation n'est pas contraignante, puisque ce sont uniquement les « *IDP Guiding Principles* »[74] qui fixent le cadre pour les populations déplacées, et non la coercitive Convention des Nations Unies pour les réfugiés de 1951. Enfin, il devint évident, à la fin du mois de juillet 2010, que les signes avant-coureurs d'une mousson plus abondante que celles observées les années précédentes étaient présents. Les points d'impact étaient prévisibles, notamment dans les districts de Nowshera, de Charsadda et de Kohat.

Dans ce contexte et dans ces territoires très tendus sur le plan politique et militaire, où les stratégies de contre-insurrection associaient offensives armées et opérations de contrôle par « le cœur et les esprits » (*Win Heart and Mind* – WHAM), les mouvements des ONG étaient sévèrement contrôlés par les militaires pakistanais, empêchant souvent l'accès à des zones où vivaient des populations fortement impactées par le conflit en cours et les inondations. Dans la partie sud du pays, notamment dans la Province du Sindh, où un tel conflit n'était pas présent, des déplacements forcés de populations par les militaires ont aussi été observés.

Lors de catastrophes naturelles, l'utilisation de moyens militaires est dans certains cas possible et nécessaire. Mais elle doit se faire à la fois en dernier recours (principe du *last resort*) et sous contrôle civil, afin d'éviter une association entre des objectifs

[74] http://www.idpguidingprinciples.org/

humanitaires et militaires, ce qui pourrait mettre en péril non seulement les acteurs humanitaires, mais retarder, voire stopper, les programmes d'aide et donc impacter directement les populations. Les prévisions quant à la survenue de nouvelles catastrophes naturelles ne sont guère rassurantes. En effet, à la fois en raison du réchauffement climatique, mais aussi d'une urbanisation croissante et essentiellement côtière, elles seront plus fréquentes et plus meurtrières, notamment dans les pays de forte précarité sociale et de pauvreté, comme cela s'est vu à Haïti, au Pakistan, et même à La Nouvelle-Orléans après le cyclone Katrina. Dans toutes ces zones pré-identifiées, il est indispensable de renforcer non seulement les mécanismes de préparation aux catastrophes (*disaster-response preparedness*), de diffuser les bonnes pratiques édictées dans les *guidelines* d'Oslo, mais aussi de favoriser leur développement économique et social, l'impact de celui-ci sur la mortalité post-tremblement de terre étant réel. Une attention doit aussi être portée sur les urgences complexes, qui associeront des situations de conflits ou de post-conflits avec des catastrophes naturelles, comme cela fut le cas au Pakistan ou au Sri Lanka, après le tsunami de 2004. Le cocktail pourrait s'avérer alors littéralement explosif.

Fukushima ou l'impuissance humanitaire dans les catastrophes technologiques

Le séisme survenu le 11 mars 2011 au large du Japon a créé une crise hybride et inhabituelle, mêlant conséquences radioactives des fuites de la centrale nucléaire de Fukushima et conséquences humanitaires de la vague géante du tsunami qui a déferlé sur les baies de Sendai et de Kaimashi. Dans un contexte radioactif avéré et croissant, cette situation a exposé des populations démunies et auprès desquelles il semble que peu d'organisations de secours aient pu accéder.

Si le caractère humanitaire des conséquences de cette crise est incontestable, le fait qu'elle ait impacté si durement la 3ème puissance économique mondiale a pu jeter le trouble sur la nécessité ou non d'un engagement – financier comme opérationnel – des ONG internationales, et notamment occidentales. Autant l'implication des unités de protection civile de divers pays (France,

États-Unis, Allemagne…) s'est imposée d'emblée, autant celle des ONG a paradoxalement été précédée d'une période de flottement, voire d'un début de polémique. Cela a ainsi été le cas des campagnes de dons orchestrées par le Secours Populaire, la Fondation de France ou la Croix-Rouge française, pour le seul exemple hexagonal.

En terme opérationnel, les choses sont encore plus compliquées, puisque toute intervention dans ces zones où règnent des taux de radioactivité nocifs pour la santé nécessite un équipement et une expertise NRBC[75]. Or, excepté le CICR, aucune organisation humanitaire ne possède ces compétences et ces techniques. La gestion des risques et des accidents industriels ne fait pas partie des schémas opérationnels anticipés par les ONG plus habituées à intervenir sur des terrains de conflits ou de catastrophes naturelles. Et pourtant, plusieurs éléments d'analyse amènent à penser qu'il s'agit possiblement d'un enjeu important, non seulement pour les ONG, mais surtout pour les populations victimes de telles situations.

Le monde contemporain s'urbanise de façon croissante, avec l'émergence de mégapoles où se côtoient plusieurs millions, voire dizaines de millions, de personnes. Les exemples récents du séisme survenu en Haïti, en 2010, ou de l'ouragan Katrina à La Nouvelle-Orléans, en 2005, ont illustré les difficultés d'intervenir en situation de catastrophes urbaines. Ces deux crises ont ainsi souligné l'importance de « *comprendre les villes* », c'est-à-dire leurs déterminants urbanistiques, architecturaux, sociaux, et leur environnement industriel.

Un autre élément à considérer est d'ordre économique, lié à la fragilité induite par la crise financière de 2008 qui continue d'avoir des répercussions sur l'économie réelle, impactant en premier lieu les budgets publics de la plupart des États de la planète. Ainsi, l'exemple japonais a montré qu'être la 3ème puissance mondiale économique n'épargnait ni le risque de réactions en chaîne – de la fission nucléaire à la friction politique – ni des conséquences

[75] NRBC : Nucléaire, Radiologique, Biologique, Chimique.

économiques désastreuses pour les années à venir. Bien que le gouvernement nippon ne l'ait pas fait, pour des raisons d'ordres politiques comme culturels, certains maires de villes japonaises ont pourtant appelé à l'aide internationale au vu de l'ampleur du désastre et des difficultés à répondre aux besoins humanitaires des populations. Après le cyclone Katrina, le tsunami japonais et ses conséquences sur la centrale nucléaire de Fukushima montrent que, même dans les pays dits « développés », une inadéquation entre les besoins objectifs des sinistrés et le niveau d'aide fourni, aussi bien par l'État affecté que par les autres États, peut être à nouveau observée.

La nouvelle géographie industrielle mondiale, et notamment l'accroissement du nombre de centrales nucléaires localisées dans des zones sensibles, mais aussi de complexes pétroliers implantés dans des pays parfois en guerre ou en proie aux guérillas (comme le Delta du Niger avec les rebelles du MEND), doit devenir un sujet de préoccupations – humaines comme écologiques – pour les organisations humanitaires. Pourtant, il ne semble pas que celles-ci soient correctement outillées, tant dans la réflexion que dans l'action, pour répondre de façon adéquate à ces enjeux.

Que certaines d'entre elles aient d'ailleurs déjà entrepris dans cette optique de récolter des fonds ou de mettre en place des programmes d'aide psychologique ne préjuge pas de la réponse que donneront au final les ONG sur cette question, mais valide au moins la pertinence qu'il y a à se la poser.

Un « hiver nucléaire » menace vraisemblablement une partie non négligeable du territoire japonais et ses conséquences écologiques, sanitaires, économiques et politiques, sont difficilement quantifiables, risquant d'être durables et majeures. Il serait dommage que les ONG n'entament pas une réflexion de fond sur leurs capacités opérationnelles techniques, sur la teneur d'un plaidoyer pour des mesures visant à prévenir ces catastrophes, mais plus encore sur la légitimité – voire la nécessité – d'exercer leur mandat humanitaire dans des contextes d'accidents industriels majeurs, nucléaires ou non, au plus près des populations victimes de ces derniers. Il s'agit bien d'une question ouverte sur le concept d' « action humanitaire environnementale », où anticipation organisationnelle et pragmatisme opérationnel devront primer.

Le défi Ebola

24 000 personnes contaminées et au moins 10 000 morts en à peine quelques mois… L'épidémie à virus Ebola qui a frappé l'Afrique de l'Ouest en 2014 et 2015, essentiellement en Guinée, en Sierra-Leone et au Liberia a, au-delà du drame humain pour des dizaines de milliers de personnes, révélé les difficultés – pour ne pas dire l'incapacité – des autorités sanitaires gouvernementales et des organisations internationales à établir une réponse cohérente et efficace face à une crise sanitaire majeure transnationale. Au-delà des chiffres, la crise Ebola comporte des opportunités perdues, ainsi que des facteurs aggravants, qui ont coûté la vie à des milliers de personnes et que l'on doit analyser. Riche d'enseignements, elle peut permettre aussi d'améliorer la réflexion collective sur les facteurs aidants et les solutions originales qui ont permis d'en stopper, au moins provisoirement, l'évolution pandémique.

De par son impact dans le champ du réel comme du symbolique, avec la vue de ces morts ignorant les frontières – de Freetown à Dallas – et la résurgence de peurs remontant aux grandes pandémies du Moyen Âge, Ebola est peut-être l'initiateur d'un chemin vers une meilleure gouvernance sanitaire à l'échelle mondiale. Comme pour les séismes ou d'autres catastrophes (dites) naturelles[76], il est fort probable que les conséquences humaines / sociétales d'une épidémie d'origine infectieuse soient plus liées au degré de développement socio-économique du pays dans lequel elle survient qu'à la nature de l'organisme biologique qui en est la cause. La pauvreté des populations et des infrastructures sanitaires serait-elle plus mortelle que l'infection elle-même ? En effet, les pays où les effets d'Ebola ont été les plus dévastateurs sortaient de décennies de guerres civiles, avec des économies progressivement émergentes. Ils se retrouvent encore plus affaiblis après ce terrible choc sociétal, et pas seulement sanitaire.

---

[76] H. Welzer, *Les guerres du climat. Pourquoi on tue au XXIe siècle*, 2008. NRF essais, Ed Gallimard.

Le premier constat qui s'impose, avec du recul, est le manque de confiance qui a prévalu aux relations entre les populations locales et les figures d'autorité, qu'elles soient médicales ou politiques. Cette absence de compréhension et de lien, aggravée par des perceptions divergentes entre les acteurs de cette crise, a été la première opportunité manquée. Elle a eu de graves conséquences, puisque les équipes de MSF ont été attaquées par la foule à Macenta en Guinée et que celles de l'OMS ont dû subir les violences de 3 000 jeunes armés dans la ville minière de Forecariah. MSF a d'ailleurs réagi en faisant venir des anthropologues à Guéckidou, l'épicentre guinéen de l'épidémie[77]. Ceci a permis de mettre en évidence les facteurs socio-anthropologiques et culturels de la résistance des populations aux mesures décidées par les autorités sanitaires. Qu'il s'agisse d'une adhésion très forte aux rites funéraires ancestraux[78] ou de la place des tradipraticiens d'une part, ou de l'utilisation de militaires pour enterrer les corps (rapides et efficaces mais peu respectueux des coutumes locales) ou d'une faible implication des communautés d'autre part, tous ces éléments – mal évalués – ont contribué à l'attitude hostile des populations et donc à la propagation de l'épidémie. Mettre en œuvre les efforts de contrôle de propagation aurait dû se faire dans le respect des cultures locales et non contre elles. Comme le précise encore un rapport d'experts de l'OMS, « *quand les interventions techniques s'entrechoquent avec des pratiques culturelles bien enracinées, la culture gagne toujours.*[79] » Vaincre les peurs et les fausses conceptions nécessite donc un degré d'écoute qui dépasse la réponse technique, même si elle paraît logique, cohérente et adaptée à la situation. La deuxième opportunité perdue dans la gestion de cette épidémie a été le retard de l'OMS et des Nations Unies à prendre conscience de sa gravité et à déclencher le niveau adéquat d'alerte (le niveau 3), qui aurait permis une réponse internationale plus précoce. MSF, qui a été en

---

[77] A. Petherick, *Ebola in West Africa: learning the lessons*, Lancet, online février 2015. http://dx.doi.org/10.1016/S0140-6736(15)60075-7

[78] Bains ou onguents avec l'eau de rinçage des corps, dormir plusieurs nuits auprès du corps du défunt, ramener le défunt dans son village natal même si cela suppose la traversée d'une frontière et de longues distances à parcourir…

[79] WHO, One year into the Ebola epidemic: a deadly, tenacious and unforgiving virus, janvier 2015.

première ligne dès le départ pour gérer les premiers cas d'Ebola, l'a publiquement dénoncé, mais a aussi lourdement payé le prix de sa solitude initiale. 27 travailleurs humanitaires (sur les 3 400 déployés par MSF dans les pays touchés) ont été infectés par Ebola et 14 d'entre eux en sont morts[80]. La plupart sont d'ailleurs décédés lors du travail communautaire et peu au sein des centres de santé. L'explication incompréhensible de ce « retard à l'allumage » de la part de l'agence sanitaire onusienne repose vraisemblablement sur deux ressorts. Le premier est d'ordre épidémiologique et scientifique. Jusqu'à présent, les épidémies d'Ebola, décrites pour la plupart en Afrique équatoriale (comme en République Démocratique du Congo), étaient restées circonscrites géographiquement et dans un environnement rural. Qu'une crise sanitaire liée au virus Ebola sorte de ce schéma ne paraissait pas concevable pour les « experts » de l'OMS, enfermés dans leurs certitudes. Le second ressort est possiblement d'ordre politique. En effet, reconnaître la crise d'Ebola et son potentiel pandémique, après cette mauvaise appréciation initiale, c'était reconnaître l'erreur commise, attitude que les institutions abhorrent par-dessus tout. Il a fallu une campagne médiatique intense de MSF pour que l'OMS reprenne la place qu'elle aurait dû avoir dès le départ. Mais on ne peut rattraper le temps perdu dans ce type de situation, et la mise en place des mesures appropriées (construction de centres de santé, formation, supervision des équipes) s'est révélée insuffisante. La troisième opportunité perdue de cette crise sanitaire a été le constat de moyens non adaptés, notamment pour les évacuations médicales. En effet, seule la société américaine Phoenix a pu mettre en œuvre des transferts médicalisés avec la rigueur de protection nécessaire pour éviter des contaminations. L'épidémie d'Ebola a donc démontré le manque de capacité de la communauté internationale à répondre à une crise majeure de santé publique, lorsqu'elle est prolongée et dispersée géographiquement.

Les principaux facteurs aggravants de cette crise sanitaire sont de plusieurs ordres. Tout d'abord, le contexte socio-économique des pays dans lesquels a débuté l'épidémie, pays qui, en plus de se

---

[80] MSF, Pushed to the Limit and Beyond. A year into the largest ever Ebola outbreak, publié le 23 mars 2015.

remettre progressivement de longs conflits meurtriers, souffrent d'un manque chronique de routes, de moyens de transport, d'infrastructures et de personnels de santé. En Afrique de l'Ouest, on ne compte en effet qu'un seul médecin pour 100 000 patients (contre 319 pour 100 000 en France). Ensuite, le faible niveau d'éducation des populations, qui a favorisé une méfiance spontanée vis-à-vis des messages de précaution délivrés par les autorités sanitaires et politiques, compte tenu du peu de crédit accordé aux croyances et aux pratiques traditionnelles locales. Un autre facteur aggravant a été le caractère transfrontalier de cette crise, en raison des découpages historiquement arbitraires des frontières africaines actuelles, qui ne coïncident pas avec les mosaïques ethniques et leurs traditions funéraires. En effet, les familles des patients décédés n'hésitaient pas à franchir plusieurs centaines de kilomètres pour ramener les défunts dans leurs villages d'origine. L'internationalisation de l'aide et les voyages intercontinentaux ont également favorisé une dissémination initiale à Dallas, confirmée par le *Center of Diseases Control d'Atlanta*[81]. Bien que rapidement stoppée, elle a marqué les esprits occidentaux et a initié le début d'une véritable prise de conscience des gouvernements et des institutions internationales sur le risque réel de pandémie par le virus Ebola. Enfin, un dernier facteur aggravant a été le caractère urbain, et non rural, de cette épidémie. Le risque de propagation rapide, à une échelle incontrôlable, a justifié des mesures urgentes et parfois radicales, comme le couvre-feu voire le confinement de populations dans des quartiers de Freetown au Liberia. L'urbanisation croissante et constante des populations, notamment dans les pays en développement, s'impose comme un facteur de risque supplémentaire à prendre en compte dans les stratégies d'anticipation et de réponses aux épidémies.

Des éléments positifs peuvent également être identifiés dans l'analyse de cette crise. Après les hésitations des premiers mois, les agences concernées des Nations Unies (WHO, UNICEF, WFP, UNFPA) ont collaboré fortement sur le terrain, même si la qualité des relations avec les autorités locales a varié en fonction du

---

81 http://www.cdc.gov/vhf/ebola/outbreaks/2014-west-africa/united-states-imported-case.html

contexte. En effet, contrairement à la Guinée où préexistait un fort sentiment de souveraineté nationale, la Sierra Leone et le Liberia ont d'emblée coopéré avec les autorités et les institutions internationales, comme avec les ONG. Ceci s'explique par le fait que ces deux pays aient développé des habitudes de travail et de collaboration avec les agences des Nations Unies et des travailleurs humanitaires étrangers, de par leur histoire commune récente de conflits et de post-conflits. Un autre facteur aidant a été la mise en place, notamment en Sierra Leone, de stratégies proactives par du personnel de santé visant à rechercher des cas de patients atteints d'Ebola. Il s'est avéré que, en milieu urbain, cette méthode de recherche a été plus efficace que le simple référencement de patients adressés par leur communauté. Enfin, en raison d'une crainte légitime d'extension de l'épidémie au reste du continent africain, quatorze pays[82] ont fait l'objet d'un vaste programme de sensibilisation et d'anticipation en cas d'apparition du virus Ebola sur leur territoire. Cette initiative pilotée par l'OMS a évité de nouvelles zones épidémiques, malgré la présence d'un premier cas observé au Sénégal fin octobre 2014 et au Mali fin août 2014. Cela souligne l'importance du « *preparedness* », c'est-à-dire des stratégies et capacités d'anticipation à mettre en œuvre pour atténuer l'impact de crises sanitaires de cette ampleur. La mobilisation internationale des équipes de chercheurs et de cliniciens a également porté ses fruits avec la mise au point de tests diagnostiques fiables et surtout le développement de deux vaccins efficaces sur des animaux, dont l'un est en cours de test chez l'humain[83].

L'épidémie d'Ebola a confirmé, comme l'avait fait la pandémie de grippe H1N1 en 2009, l'interdépendance structurelle du monde contemporain, en révélant et/ou déclenchant – en plus de la crise sanitaire – un enchevêtrement d'enjeux humanitaires, socio-économiques, politiques et sécuritaires. De par la complexité

[82] Bénin, Burkina Faso, Cameroun, République Centrafricaine, Côte d'Ivoire, Éthiopie, Gambie, Ghana, Guinée-Bissau, Mali, Mauritanie, Niger, Sénégal et Togo.

[83] A. Huttner et al. « The effect of dose on the safety and immunogenicity of the VSV Ebola candidate vaccine: a randomised double-blind, placebo-controlled phase 1/2trial », *The Lancet Infectious diseases*, online août 2015.

de ce type de crise sanitaire, un seul pays ou un seul organisme ne peut ni tout faire, ni tout prévoir. Aucune intervention isolée n'est suffisante pour faire face à l'ensemble des problématiques, soulignant l'enjeu collectif de communication et de gouvernance qui en découle. La gouvernance sanitaire commence donc en amont des crises, en reconnaissant leur complexité, cet « *entrelacement de liens, d'interdépendances et d'interactions qui crée une dynamique temporelle s'inscrivant et se construisant dans la durée* [84]» et leur nature potentiellement aléatoire et chaotique. Cette nature différente des crises, que certains appellent « mégachocs[85] », induit d'autres modes de réponse que les modalités hiérarchisées et figées. Penser l'impensable et envisager des solutions sortant des cadres préétablis font partie des stratégies d'anticipation indispensables à l'établissement d'une gouvernance sanitaire efficace. Celle-ci implique aussi une dé-hiérarchisation des processus et l'optimisation de la circulation transversale des flux d'informations et de compétences. Mais l'élément essentiel reste avant tout une plus forte implication communautaire dans le respect de ses valeurs culturelles et de ses perceptions[86]. La mise en place de quarantaines s'est révélée médicalement peu efficace et fortement inductrice de violences. À l'inverse, une compréhension contextualisée des déterminants de la crise – ainsi que des pratiques et une communication adéquates – peut permettre une meilleure adhésion aux mesures de protection et de mise en évidence de nouveaux cas, et devenir ainsi une force positive plutôt qu'une résistance délétère.

---

[84] J. de Rosnay, *Surfer la vie*, Éditions Actes Sud, 2013.

[85] P. Lagadec, « Du risque majeur aux mégachocs », *Les Cahiers de Préventique*, n° 12, septembre 2012.

[86] World Disasters Report 2014. Focus on Culture and Risk, 16 octobre 2014. https://www.ifrc.org/en/publications-and-reports/world-disasters-report/world-disasters-report-2014/

Chapitre II

Les catalyseurs du déclin
Essor du néolibéralisme : des théories à la géopolitique

« Ces rages
Cette famine exquise
Qu'une balle conclut »
Louis Calaferte

Ces deux dernières décennies ont permis d'observer une montée en puissance de la globalisation néolibérale qui, au-delà des seuls enjeux économiques, favorise une mondialisation de la gouvernance politique. Les ONG, qui critiquent avec véhémence les effets délétères de cette globalisation, en sont devenus paradoxalement des « objets », voire des promoteurs, rouages à part entière des processus de mondialisation et de globalisation. Associer l'adjectif « humanitaire » à des stratégies politiques et militaires a affaibli la distinction entre aide humanitaire et interventions politiques dans les situations de crises. Les exemples les plus évidents ont été les actions civilo-militaires labellisées « humanitaires », destinées à (re)gagner « les cœurs et les esprits », tout comme la rhétorique de certains politiciens qui veulent aligner les objectifs des ONG sur ceux des stratégies militaires ou politiques (dans le cadre des approches globales). Ce brouillage des lignes est susceptible d'affecter la perception et l'acceptation des humanitaires par les autres acteurs de ces terrains complexes, se traduisant par une augmentation objective des risques pour l'ensemble des humanitaires, mais aussi par une restriction de l'accès aux populations vulnérables. Pour être audible et légitime, le refus manifesté par des ONG du Nord comme du Sud de la confusion des mandats, de l'intégration des capacités opérationnelles et d'une gouvernementalité néo-libérale doit être argumenté, basé sur une réflexion approfondie des nouveaux environnements et de leurs contraintes. Il requiert aussi de véritables espaces de dialogue entre tous les acteurs concernés et présents sur ces terrains (ONG, politiques, militaires, entreprises privées, bailleurs…). La *dogma* néolibérale, politique comme économique, a impacté le modèle humanitaire occidental dominant, et ce, avec des conséquences bien concrètes.

Paradigme néolibéral : globalisation, relations internationales et crise financière

Le paradigme néolibéral induit que le système international contemporain tolère une interdépendance complexe de tous les acteurs engagés à l'échelle globale dans des relations coopératives, qu'il s'agisse d'entités étatiques ou non-étatiques[87]. Néanmoins, il convient de différencier le néolibéralisme économique du néolibéralisme propre aux relations internationales ; malgré le lien qui les unit, l'utilisation indifférenciée du terme « *néolibéral* » a, au fil du temps, semé la confusion dans leurs significations respectives. Le néolibéralisme économique est une doctrine économique qui prône le libre jeu du marché, tandis que le néolibéralisme employé en théorie des Relations Internationales est issu du courant de pensée philosophique du libéralisme, mais s'en distingue par « *l'adoption de plusieurs postulats ontologiques et épistémologiques néoréalistes*[88] ».

Les différentes théories néolibérales

Théorie du néolibéralisme économique

Le néolibéralisme est-il, comme Pierre Bourdieu l'affirme[89], « *un programme destiné à détruire les structures collectives qui pourraient gêner la logique du marché pur* », ou bien faut-il nuancer le propos ? Il peut être analysé comme une variante du

---

[87] Moise L., « The importance of the neoliberal paradigm in promoting security and cooperation in international relations », *Strategic Impact*, n° 4, 2007.

[88] Massie J., Desrosiers M. E., « Le néolibéralisme et le système néo-néo » in Mc Leod A. et O'Meara D. (dir), *Théories des Relations Internationales. Contestations et résistances*, Éditions Athéna, CEPES, 2007.

[89] Bourdieu P., « L'essence du néolibéralisme », *Le Monde diplomatique*, décembre 1998.

concept de « marché autorégulé », décrit au XIXe siècle en Europe et qui grâce au phénomène de mondialisation s'est érigé en quasi-hégémonie. Karl Polyani[90] a ainsi lié, dès 1944, « *l'autodestruction de la civilisation* [européenne] » du XIXe siècle aux ravages causés par ce qu'il appelle « *l'utopie institutionnalisée du marché auto-ajusté* ». Le néolibéralisme est supposé libérer les puissances privées du commerce et rétablir la liberté des marchés, contenus trop longtemps par un État social, afin de restaurer les conditions pour une accumulation active du capital. Ce néolibéralisme comprend quatre composantes essentielles : financiarisation de l'économie, mobilité croissante du capital, influence des institutions financières de Bretton-Woods (Fonds monétaire international et Banque mondiale) et diffusion globale de cette nouvelle orthodoxie monétaire et économique néolibérale.

Se désignant parfois comme des « économistes classiques » adeptes du « libre-échange » ou de « laisser-faire », un certain nombre de groupes de réflexions, comme l'*Heritage Foundation*, le *Cato Institute* ou l'*American Enterprise Institute* ont depuis les années 1990 participé à la diffusion de cette nouvelle « orthodoxie ». Pour cela, ils ont érigé une trinité de valeurs, associant élimination de la sphère publique, déréglementation totale des entreprises et réduction drastique des dépenses publiques[91]. Mais des institutions universitaires ont aussi joué un rôle fondamental. Parmi elles, le département des sciences économiques de l'université de Chicago, dont le personnage central reste encore à ce jour Milton Friedman.

Ce dernier se considérait comme investi de la mission de faire revenir le capitalisme à « l'état naturel », un capitalisme débarrassé de toutes les ingérences, notamment gouvernementales. Il pensait que le seul moyen de revenir à l'état originel était d'imposer un « choc » au patient (en l'occurrence l'économie d'une nation). Lui et d'autres se considéraient comme des « *guerriers en lutte*[92] ». De

---

[90] Polyani K., *The Great Transformation*, Beacon, 2ème Edition, 1981.
[91] Klein N., *La stratégie du choc : la montée d'un capitalisme du désastre*, Éditions Actes Sud, 2008.
[92] Selon Gary Becker, économiste conservateur et lauréat du Prix Nobel.

la même façon que l'écosystème se régule par les jeux naturels de forces antagonistes et synergiques, les forces économiques du libre marché – l'offre et la demande, l'inflation et le chômage – s'autorégulent pour créer un « *Eden du plein emploi, de la créativité illimitée et de l'inflation zéro*[93] ». Cette vision scientifique a ainsi poussé Friedman et ses adeptes à faire l'expérience grandeur nature d'un marché libre, délesté de toute cette régulation qu'ils jugeaient néfaste. En un mot, ils offraient une alternative, à une époque où le marxisme et ses attributs collectifs étaient populaires.

Le néolibéralisme économique n'est pas qu'un concept ou une théorie. Il se définit surtout comme une façon d'appréhender le monde et de rediscuter de la place et du rôle des États dans le système international.

Théorie du néolibéralisme en relations internationales

On ne peut pas parler du paradigme néolibéral sans s'attarder auparavant sur la notion de « libéralisme » au sein des relations internationales, ni rappeler l'importance de Robert Keohane qui, dès 1984, pose les bases[94] de ce qui deviendra le programme néolibéral. Les « pères fondateurs » des écoles institutionnaliste et libérale sont Emmanuel Kant et John Locke. Kant, philosophe cosmopolitiste du XVIIIe siècle, dans le sens où l'homme « *peut se penser, en droit, à la fois comme un citoyen d'une nation et comme membre à part entière de la société des citoyens du monde*[95] », va proposer le concept d'« Alliance de Paix ». Ce dernier guidera la construction de la sécurité collective des Nations Unies et défendra l'idée que la pacification des rapports internationaux passe par l'adoption de règles communes et de lois internationales, que favoriseront les régimes politiques. John Locke[96] avait pour sa part établi, un siècle auparavant, les bases du libéralisme politique dit « classique », défendant la prééminence des droits individuels sur

---

[93] Klein N., *Ibid.*
[94] Keohane R., After hegemony: cooperation and discord in the world political economy, Columbia University Press, 1984.
[95] Emmanuel Kant, *Vers la paix perpétuelle*, 1795.
[96] John Locke, *Traité du gouvernement civil*, 1690.

les droits collectifs. Adepte d'un individualisme marqué et de rapports entre l'État et les citoyens caractérisés par la contractualisation et la judiciarisation, il appelle à considérer qu'il existe « *un autre pouvoir dans chaque société, qu'on peut appeler naturel* ». Il sera également l'un des théoriciens des droits de l'Homme et du « droit de résistance à l'oppression ». Au XXe siècle, le Président Woodrow Wilson rejettera la *Realpolitik* bismarkienne et défendra une vision messianique du rôle des Etats-Unis d'Amérique. Il était, en effet, persuadé que la politique étrangère devait s'exercer sur des valeurs morales et que l'expansion de la démocratie associait la combinaison d'une ouverture politique et économique. Parce qu'il avait saisi « *les ressorts des motivations américaines*[97] », il façonna de façon significative la pensée politique de son pays, dont l'internationalisme libéral est, désormais, l'une des caractéristiques majeures. À la différence de l'Europe dont le rôle était d'assurer « *l'équilibre des puissances* » en adoptant une position de neutralité morale, la doctrine wilsonienne était d'imposer une « vision » du système international dont le bien-fondé était inattaquable, puisque se référant à des valeurs morales.

Le dernier quart du XXe siècle va être le théâtre de changements significatifs du contexte international, avec l'apparition ou l'essor de phénomènes concomitants. Grâce aux nouvelles technologies de l'information et de la communication (NTIC), le processus de mondialisation/globalisation va s'accélérer, modifiant le flux des informations, des transactions et réduisant ainsi la marge de manœuvre des acteurs traditionnels du système international que sont les États. Les droits humains progressent et les normes, édictées principalement sous l'égide des Nations Unies connaissent une diffusion sans précédent. Enfin, de nouveaux défis apparaissent (sanitaires, environnementaux, sécuritaires), qui réclament des solutions fondées sur des logiques de coopération et imposées par de nouvelles interdépendances.

---

[97] Kissinger H., *Diplomatie*, Editions Fayard, 1996.

Cette notion d'« *interdépendance complexe* », conceptualisée par Robert Keohane et Joseph Nye dans deux ouvrages clés[98] [99], entend correspondre à l'apparition de nouveaux acteurs sur la scène internationale, acteurs qui vont modifier de façon radicale l'exercice du pouvoir. Se servant de théories économiques, et plus particulièrement de celle de la « théorie des jeux », d'autres auteurs ont mis en avant les avantages des relations fondées sur la négociation et la transparence. Il semble que ce « nouvel ordre » préfigure aussi un système où la sécurité des États ne s'arrête plus à leurs frontières et où les démarcations entre ce qui relève du national et de l'international, voire entre l'étatique et le non-étatique, s'atténuent. La place des « individus et groupes privés » dans la politique internationale apparaît donc fondamentale pour un auteur comme Moravcsik[100], qui défend l'importance des « régimes politiques[101] » dans la conduite d'une politique étrangère, et notamment la thèse de la « paix démocratique ». Ainsi, la *« théorie des régimes »* déclinée par Krasner[102] va constituer une source de convergences possibles pour les acteurs du système international, et donc aussi une source d'ordre dans un environnement international anarchique, notamment pour les États. Cela suppose une dose de rationalité des États qui vont adopter une stratégie coût-bénéfice, et ainsi utiliser la coopération plutôt que la confrontation pour régler des différends.

L'étude des postulats du néolibéralisme est faite de continuités et de ruptures qui, analysées dans leur globalité, amènent à s'interroger sur la nature réelle du néolibéralisme « politique ». Le néolibéralisme réaffirme un certain nombre de postulats propres à la théorie libérale, tels qu'un optimisme à l'égard de la nature humaine, une tendance naturelle à la paix et une conception

---

[98] Keohane R., Nye J., *Transnational relations and world politics*, Harvard University Press, 1972.

[99] Keohane R., Nye J., *Power and Interdependence*, Editions Boston Little Brown, 1977.

[100] Moravcsik A., « Taking preferences seriously: a liberal theory of international politics », *International Organization*, n° 51, 4, 1997.

[101] Les régimes politiques correspondent à « des réseaux de règles, normes et procédures qui régularisent le comportement et en contrôlent les effets » in Keohane R., Nye J., *Power and Interdependence*, Ibid.

[102] Krasner S., *International regimes*, Cornell University Press, 1983.

progressiste de l'Histoire. Il accorde une grande valeur aux institutions internationales, qui sont les lieux de collaboration et d'application de la « théorie des régimes ». Des domaines d'action tels que la sécurité, la politique étrangère, la culture, l'économie ou l'environnement, sont également considérés comme importants. Par contre, il semble bien que le néolibéralisme ait abandonné quelques préceptes des « libéraux » pour adopter ceux des « réalistes », opérant ainsi un rapprochement théorique avec le néoréalisme.

Comme pour le néoréalisme, le néolibéralisme adopte une posture épistémologique positiviste, se basant sur l'empirisme et l'observation des phénomènes internationaux. À l'instar de l'École de Chicago portée par Milton Friedman, l'approche scientifique est privilégiée. Toutefois, il s'opère une « *abstraction de la complexité* », reconnue par les tenants du néolibéralisme, car celle-ci gêne finalement le postulat de départ. Comme Friedman, ils pensent pouvoir appliquer avec rigueur une méthode scientifique sur un modèle dont ils auraient au préalable gommé la complexité, afin d'en préserver la simplicité et la clarté. Cette approche rationaliste, qui se veut pourtant prédictive, n'hésite donc pas à ignorer la discordance entre la théorie et les faits, surtout si ces derniers ne rentrent pas dans le cadre préétabli. Cette « lecture » partiale de l'empirisme a pu être contestée par certains néoréalistes[103] et est devenue un élément fondamental du débat entre les deux théories. Les néolibéraux ont par ailleurs une vision du système international considérée comme plus holistique que celle des néoréalistes, et pensent que la coopération entre les États est possible, même dans un environnement anarchique. Afin de contourner les politiques d'escalade de la défiance entre États, que le néoréaliste Robert Jervis a défini comme le « *dilemme de la sécurité*[104] », ils prônent l'utilisation du « *dilemme du*

[103] Grieco J. M., « Understanding the problem of international cooperation: the limits of neoliberal institutionalism and the future of realist theory » in *Neorealism and neoliberalism: the contemporary debate*, in Baldwin, D.A. (dir), Colombia University Press, 1993.

[104] Le « dilemme de la sécurité » correspond à la définition suivante : « les moyens que peut employer un État pour accroître sa sécurité font décroître celle des autres. [...] En relations internationales, les gains que peut faire un État en

prisonnier[105] », dont ils retournent le concept, en postulant que la coopération représente la situation optimale pour les États, qui en tireront mutuellement le plus de gains[106].

Le programme néolibéral cherche donc un fonctionnement optimal pour le bien-être de l'humanité, mais selon « sa » vision, c'est-à-dire un ordre international mondialisé, fondé sur une économie libérale, sans jamais remettre en cause la nature et les fondements des relations entre États. Keohane et Martin[107] ont identifié, en plus de la reconnaissance anarchique du système international, plusieurs éléments communs au néolibéralisme et au néoréalisme. Tout d'abord, les États sont les acteurs principaux des relations internationales. Ils agissent et se comportent comme s'ils cherchaient à maximiser leur utilité rationnelle. Ils poursuivent des intérêts égoïstes et aucune force externe n'existe pour leur imposer des accords. Enfin, parce qu'ils fonctionnent dans un environnement où l'information est rare, les États sont incités à obtenir plus d'informations sur les autres États et à rehausser leur propre crédibilité.

Ainsi, le néolibéralisme, à l'instar du néoréalisme, admet la nature anarchique du système, mais rajoute l'idée que les régimes et les institutions (termes quasi-équivalents pour les néolibéraux) permettent d'en atténuer les effets.

Enfin, Francis Fukuyama a fait l'hypothèse, au lendemain de la chute du communisme, d'un monde dédoublé, célébrant le monde occidental qui, à l'inverse de sociétés « *moins développées* », serait post-historique et aurait atteint « *le point final de l'évolution idéologique de l'humanité et l'universalisation de la*

---

matière de sécurité menacent souvent par inadvertance les autres États. » in Jervis R., « Cooperation under the security dilemma », *World politics*, vol. 2, n° 30, 1978.

[105] Le « dilemme du prisonnier » fait partie de la théorie des jeux.

[106] Mc Leod A., « Le réalisme classique » in Mc Leod A. et O'Meara D. (dir), *Théories des relations internationales. Contestations et résistances*. Editions Athena, 2007.

[107] Martin L. L., « Institutional theory as a research program » in *Progress in international relations theory: appraising the field*, Elman, C., Elman, M.F. (dir), MIT, 2003.

démocratie libérale occidentale comme forme finale de gouvernement humain[108] ». Cette hypothèse ne s'est pas révélée exacte, car la mondialisation économique et les interdépendances politiques n'ont pas empêché la survenue de nombreuses fragmentations sociales et culturelles, dans un contexte de crises croissantes, notamment environnementales. La chute du mur de Berlin a par contre réactivé de nombreux conflits « gelés » et guerres internes, pour des raisons territoriales, ethnico-tribales, ou d'accès à des ressources naturelles. Il n'existe donc pas plus de monde *a-historique* que *post-historique.* Plus que la fin *de* l'Histoire, l'effondrement du bloc soviétique a plutôt marqué la fin *d'une* histoire. L'Histoire continue à s'écrire pour tous, mais la globalisation accentue la prise de conscience de ce phénomène collectif, en même temps qu'elle en complexifie la lecture.

Des théories en contradiction sur le rôle de l'État

La place de l'État paraît donc centrale, aussi bien pour les néoréalistes que pour les néolibéraux. Pourtant, il apparaît que le « moins d'État » fasse partie d'un des postulats de base de cette théorie économique. Y aurait-il contradiction ou rupture entre les théories économique et politique du néolibéralisme ? La théorie économique du néolibéralisme peut-elle être remise fondamentalement en cause dans le contexte de crise financière globale que nous traversons depuis 2008 ? L'État va-t-il redevenir central et acteur de dernier recours quand cela est nécessaire, ou va-t-il, comme en Grèce aujourd'hui, se retrouver affaibli économiquement et discrédité politiquement ? De la conception présente et à venir des fonctions régaliennes de l'État, comme de la pertinence des solutions à mettre en œuvre pour répondre aux défis de la crise économique globale et aux nouveaux enjeux de sécurité, dépendent la stabilité de l'ensemble du système international et la puissance de chacun des États le composant.

Les écueils de la dérégulation économique

Hormis le fait que le terme « mondialisation » soit plutôt utilisé par les auteurs francophones et celui de « globalisation » par

[108] Fukuyama F., « The end of history? », *The National Interest*, été 1989.

les auteurs anglo-saxons, s'agit-il d'une simple variation sémantique ou de concepts différents ?

Comme le rappelle Serge Sur, s'interroger sur les processus économiques de mondialisation/globalisation revient à « *savoir si, et dans quelle mesure, l'ouverture généralisée à la compétition internationale d'économies elles-mêmes libéralisées contribue à la croissance mondiale, et réduit ou accroît les inégalités de développement, entre États d'une part, au sein des États d'autre part*[109] ». Il est indéniable que le rôle de l'État demeure central dans le processus de mondialisation économique, d'abord parce que les comparaisons d'indicateurs – comme par exemple la croissance, le PIB ou l'échelle de développement humain du PNUD – se font au niveau des États, et ensuite parce qu'ils continuent de prendre des décisions politiques et économiques majeures. Il est donc probable que les inégalités structurelles déjà présentes se renforcent si le processus ne comporte aucune régulation, ou si la *main du marché* d'Adam Smith[110] est la seule autorisée.

Mondialisation et globalisation

La mondialisation peut être considérée comme un processus historique et non linéaire, favorisant l'intégration à l'échelle mondiale d'enjeux économiques, écologiques, sociologiques, sécuritaires, financiers et culturels. Elle est aujourd'hui considérée comme la résultante de la globalisation financière, elle-même le produit de l'idéologie libérale puis néolibérale économique. Qualifiée de « processus géohistorique d'extension progressive du capitalisme à l'échelle mondiale », elle évolue dans un monde interdépendant, grâce et avec les nouvelles technologies, aussi bien celles du transport que de la télécommunication. Cette interdépendance donne l'impression de fluidité et d'unification de l'espace planétaire. Mais elle est aussi porteuse de profondes disparités, d'inégalités et de fragilités. L'éruption en avril 2010 du

---

[109] S. Sur, « Mondialisation et inégalités » in *Un monde en miettes. Les relations internationales à l'aube du XXIe siècle*, La Documentation française, 2010.

[110] Adam Smith (1723-1790). Économiste, partisan de l'autorégulation sur les marchés pour atteindre l'équilibre entre l'offre et la demande.

volcan islandais Eyjafjöll, avec la cessation complète du trafic aérien et des impacts économiques et psychologiques significatifs en Europe, a montré combien cette interdépendance globale pouvait nous rendre vulnérables. La question qui se pose dès lors est celle de la régulation de ce phénomène, afin d'engendrer si possible plus d'équité et de partage de ressources que ne le voudrait l'évolution naturelle de ce processus.

La globalisation recouvre de multiples facettes, qui vont de la libéralisation des échanges à l'intensification des mouvements de capitaux, en passant par la mobilité internationale du travail. Ce processus d'intégration se manifeste par une croissance des échanges de biens et de services, par une augmentation des mouvements de capitaux, par un accroissement des migrations internationales et par un rôle croissant des entreprises multinationales, et notamment des entreprises militaires et de sécurité privées (EMSP) « globalisées », comme Blackwater, MPRI, KBR, Dyncorp, CACI ou Aegis. On peut noter que la connotation de supranationalité attachée au terme « mondialisation » est absente de la notion de « globalisation ». Pourtant, l'« économie en réseau » qui en résulte, notamment à cause des délocalisations, « *exploite les inégalités existantes en terme de rémunération ou de protection sociale*[111] ».

Crise financière et globalisation dérégulée

La survenue en 2008-2009 d'une crise financière majeure liée aux dérives des pratiques spéculatives sur le marché des *subprimes* et d'une récession économique sans précédent depuis les années 1930 interroge le modèle de capitalisme néolibéral, qui semble porter une lourde responsabilité dans la gravité de ce choc économique. Pendant plus d'une décennie, la complaisance à l'égard de comportements financiers toujours plus avides de profits à court terme, et pour lesquels le seul traitement prescrit était l'espoir d'une autorégulation, a été de mise.

---

[111] S. Sur, « Mondialisation et inégalités » in *Un monde en miettes. Les relations internationales à l'aube du XXIe siècle*, La Documentation Française, 2010.

Plusieurs éléments peuvent aider à comprendre la situation. Tout d'abord la facilité de circulation de l'argent dans une économie mondialisée, que la libéralisation, la dérégulation et la désintermédiation financières ont rendu possible. Violant les normes de Bâle I[112] qui fixent la limite des engagements des banques par rapport à leurs fonds propres, ces établissements financiers ont accordé plus de crédits que ne l'autorisaient les ratios de solvabilité préalablement admis, et ont ainsi alimenté le marché dérégulé du « gré à gré ». La deuxième raison est la fausse perception de sécurité, procurée par les agences de notation et la veille des banques centrales. Pourtant, un « *shadow banking system* », un système bancaire parallèle, s'est progressivement mis en place. Enfin, la course au rendement et la recherche d'un profit maximal rapide, notamment sous la pression des actionnaires, a touché tous les acteurs de la chaîne de titrisation (banques, agences de notation, fonds spéculatifs).

Ceci a ensuite été accompagné d'une dérégulation et d'un allègement de la surveillance du système financier américain, tant privé que public. La tolérance vis-à-vis des dysfonctionnements objectifs du système a abouti à la faillite de la banque Lehman Brothers en septembre 2008, précédée en août 2007 d'une crise de la liquidité bancaire, suite à une défiance réciproque des banques. En 2007, la capitalisation boursière des banques s'élevait à 8 300 milliards de dollars. Un an plus tard, elle avait perdu 52 % de sa valeur, évaluée à 4 000 milliards de dollars. L'onde de choc américaine a donc provoqué une chute libre de l'économie mondiale qui, avec décalage parfois, n'a épargné personne. La crise financière a permis de souligner aussi la fragilité et l'hétérogénéité qui accompagnent le processus de mondialisation, de même que la difficulté du politique à reprendre un rôle de régulation nécessaire, celui même qu'il avait laissé aux marchés financiers ces dernières décennies. L'effondrement des économies islandaise, estonienne ou lettonienne – dont les prévisions de

---

[112] **Bâle I** fait référence à un ensemble de recommandations formulées en 1988 par le Comité de Bâle (comité rassemblant à Bâle les banquiers centraux des pays du G-10 sous l'égide de la Banque des règlements internationaux, et destiné à garantir un niveau minimum de capitaux propres, afin d'assurer la solidité financière).

récession pour 2009 affichaient jusqu'à -13,5 % pour la Lettonie –, ou la situation économique catastrophique de pays européens comme la Grèce, l'Espagne ou l'Italie, témoignent du danger du « factice » en matière de gouvernance économique et sont à même de remettre en cause le modèle politique démocratique. En effet, il existe désormais une perte de confiance majeure entre citoyens et dirigeants politiques, accompagnée d'une déconnexion entre les choix politiques faits par ces derniers et la volonté issue des délibérations nationales.

Il ne semble pas exister de solution univoque pour sortir de cette mauvaise passe. Des « sorties » de crise bancaire et financière sont possibles. Elles justifient un débat de fond entre les tenants d'une autorégulation du marché et ceux qui croient à la nécessité rapide d'une régulation du marché – et particulièrement à la surveillance des activités spéculatives, dont les dérives sont considérées, en grande partie, responsables de la situation actuelle. Le débat de fond actuel sur les EMSP n'est donc pas déconnecté de ces enjeux économiques et géopolitiques. En effet, les EMSP anglo-saxonnes appartiennent désormais souvent à des multinationales (comme Halliburton ou Lockheed Martin), véritables puissances transnationales, dont les responsables sont (ou étaient) proches des néoconservateurs de la Maison-Blanche lors de la présidence de G. W. Bush. Le rapport à l'État de ces entreprises privées, et plus particulièrement leur impact sur les fonctions régaliennes de l'État, mérite donc d'être pris en considération, notamment en ce qui concerne leur implication sur les « marchés » de l'humanitaire et du maintien de la paix.

Santé financière ou santé publique ?

Ce processus néolibéral impacte aussi les questions de santé, sujet qui devrait être considéré comme un bien commun et qui est surtout un bien fragile. En effet, les conséquences politiques, économiques et sociales de la crise de la dette, comme les solutions préconisées, vont vraisemblablement affecter l'intégrité des systèmes de santé en Europe et au-delà. Effacement partiel de la dette, ajustement structurel avec réduction drastique des dépenses publiques et privatisation des services publics rappellent les douloureux remèdes appliqués au continent africain par le FMI et la Banque mondiale il y a quelques années. Avec l'« efficacité thérapeutique » que l'on connaît... La santé, comme l'éducation, est l'un des piliers fondamentaux sur lesquels se construit toute société. En Europe comme ailleurs, le combat pour une santé solidaire et égalitaire devient plus que jamais une nécessité.

Un article publié dans la revue médicale *The Lancet*[113] a rapporté les effets sanitaires de la crise économico-sociale qui frappe la Grèce. Contrairement au raisonnement linéaire qui voudrait que le recul de prise en charge sanitaire de la population grecque soit uniquement lié à l'incapacité financière de se soigner, ce sont d'autres facteurs au sein du système de santé grec, principalement d'ordre organisationnel et gestionnaire, qui expliquent l'actuel déficit sanitaire dont souffre aujourd'hui la population grecque. Les délais d'attente, les distances à parcourir pour trouver une structure de santé, les coupes massives des budgets hospitaliers (-40 %), le manque de personnel et les pratiques de corruption pour bénéficier d'un soin en sont les principales causes. L'étude montre que les populations vulnérables sont les plus touchées par la dégradation du système de santé grec, mais ce ne sont plus les seules. Les activités de soins de santé primaire réalisées par les équipes de Médecins du Monde Grèce ont augmenté de façon exponentielle entre 2007 et 2010. Ainsi, les exclus sanitaires ne se comptent plus seulement à la périphérie – populations immigrées, sans papiers, toxicomanes… – mais atteignent désormais le centre – c'est-à-dire les classes moyennes –, rendant cette précarisation bien plus visible et, *de facto*, bien plus effrayante.

N'existe-t-il que des solutions locales, au « coup par coup », ou faut-il envisager une évolution des systèmes de santé à l'échelle globale ? Le vœu affiché par certains d'une Sécurité Sociale mondiale est certes louable, mais difficilement réalisable, et cela pour au moins deux raisons. Tout d'abord, les difficultés économiques actuelles et l'idéologie entrepreneuriale sous-tendant les solutions dégagées, entre autres, par les pays de l'Union

---

[113] Oikonomou N. et al., « The Greek economic crisis: a primary health-care perspective », *The Lancet*, volume 377, issue 9759, janvier 2011.

européenne, rendent cette option politique très peu réaliste. Ensuite, parce qu'il s'agirait de décliner verticalement un modèle social occidental, prenant ses racines dans notre pays à l'issue de la Seconde Guerre mondiale, mais dont l'exportation mondialisée et uniforme paraît beaucoup plus incertaine. Le modèle de solidarité observable dans chaque pays est un « construit » qui se fonde sur une histoire et sur une sociologie donnée, mais surtout qui relève de la volonté politique et collective d'une nation à faire preuve de solidarité. Les périodes de crises financières sont malheureusement plus propices à la rétractation et à la stigmatisation des différences qu'à l'ouverture et au partage des fardeaux. Pourtant, si cette idée généreuse d'un « accès aux soins pour tous » mérite d'être défendue, elle doit l'être d'abord à l'échelon local, à la hauteur de la vie réelle des gens, et non dans des instances macro-politiques comme le G20 qui n'iront pas au-delà des déclarations de bonnes intentions. Elle doit également être défendue avec le regard critique de ceux qui en bénéficieraient, et non avec le regard bienveillant du « distributeur de bonheur ».

Inverser le regard et se repositionner à l'échelle locale paraissent essentiel pour changer véritablement la donne. Cela n'empêche pas, bien au contraire, de faire de la santé un enjeu de débat public et politique, ici et là-bas, car « la solidarité est une politique d'avenir »[114].

Les Européens ne devraient pas non plus hésiter à porter leur regard outre-Atlantique et à méditer la réforme du système de santé américain. Si nos spécialistes (médicaux et économiques) prennent la mesure de l'adoption de l'« *Obama Care* » aux États-Unis, cela devrait les inciter à un peu plus de courage politique et de vision décentrée des seuls enjeux économiques sur ce que représentent réellement des priorités de santé publique et le devoir de les mettre en œuvre. Alors qu'un gouvernement démocrate américain se battait pour obtenir un accès aux soins plus équitable et moins inégalitaire au bénéfice de sa population, nous avons vécu ces dernières années, en France, une minutieuse tentative de

[114] A. Grimaldi et al., *Manifeste pour une santé égalitaire et solidaire*, Ed Odile Jacob, 2011.

déconstruction libérale de notre système de santé et d'assurance maladie. Il est certes imparfait et très probablement corrigible, mais il prône (prônait ?) avant tout une éthique de solidarité, où chaque citoyen, y compris les personnes sans-papiers, pouvait y avoir accès, même partiellement. La pénurie organisée des hôpitaux publics et les nouvelles formes entrepreneuriales de gestion hospitalière (financières comme en ressources humaines) ont participé à cette récente déstabilisation.

En France, le système de soins français reste encore une belle vitrine des acquis du Conseil National de la Résistance. Cependant, au nom de la rigueur budgétaire, la « nouvelle » vision sanitaire hexagonale va surtout à l'encontre des fondations de notre modèle de société, où les principes fondamentaux de solidarité et d'équité dans l'accès aux soins sont préservés depuis bientôt 70 ans.

En élargissant le spectre de réflexion au-delà de la santé et de quelques pays, on peut voir que les modalités de financement actuels de l'action humanitaire et de l'aide au développement sont de plus en plus en phase avec le concept de « *value for money* ». La présence croissante d'organisations et de sociétés à but lucratif contractualisant avec les plus gros bailleurs mondiaux – et notamment l'USAID –, confirme la tendance du « service » aux dépens du « geste » de solidarité. Gommer la fonction citoyenne des ONG et ne privilégier que leur aspect utilitariste constitue sans nul doute une menace sur leur avenir à moyen terme.

Financements et financiarisation de l'aide internationale

ECHO-humanitaires : un partenariat à préserver

La place de l'Europe dans l'aide humanitaire apportée aux populations vulnérables est loin d'être négligeable. L'UE est le principal bailleur de fonds des ONG et autres agences humanitaires (ONU essentiellement) qui opèrent sur ces terrains. La signature du Traité de Lisbonne, en créant le Service Européen d'Action Extérieure (SEAE), a entraîné certaines inquiétudes quant aux futurs critères de financement de l'action humanitaire par l'UE. Le politique va-t-il supplanter l'impartialité qui caractérise aujourd'hui l'action de la DG ECHO ? La situation en Haïti fournit un éclairage intéressant sur ces questions.

Pauvreté, taux de mortalité infantile, Indice de Développement Humain (IDH) …, quels que soient les indicateurs retenus, la situation d'Haïti est extrêmement critique. De fait, le tremblement de terre survenu le 12 janvier 2010 a été suivi d'une inquiétante catastrophe humanitaire et sanitaire, renforcée par l'apparition au mois d'octobre 2010 d'une épidémie de choléra. Le bilan de cette épidémie s'élève à 5 000 morts. Même si les estimations sont difficiles, 500 000 personnes au moins auraient quitté Port-au-Prince suite au tremblement de terre, auquel s'ajouteraient 1 200 000 déplacés internes, pour un bilan d'au moins 230 000 morts et un million de sans-abri. À la différence des inondations survenues la même année au Pakistan, la médiatisation de la crise haïtienne a permis de mobiliser rapidement d'importantes ressources financières et humaines pour répondre aux besoins immédiats de la population. Au niveau européen, la réaction des États membres et de la Commission a été d'autant plus rapide et efficace que la DG ECHO fournissait une aide à Haïti depuis 1995, notamment dans le domaine de la malnutrition. Par ailleurs, depuis plus de quinze ans, ECHO finançait en amont des programmes de réduction des risques de désastres naturels, ce qui, dans cette zone géographique propice aux cyclones, tempêtes tropicales et manifestations sismiques, a permis d'améliorer la rapidité et la qualité de la réponse des acteurs humanitaires sur le terrain.

Au total, les fonds débloqués en 2010 par ECHO se sont élevés à 141 millions d'euros, plaçant l'UE en quatrième position des bailleurs de fonds internationaux, derrière les donneurs privés et les bailleurs nord-américains (États-Unis et Canada). Parmi les États membres de l'UE, l'Espagne et la France ont été les plus gros bailleurs. En dépit de cette contribution, les contraintes imposées par ECHO à ses partenaires en termes de procédures et d'utilisation des budgets se sont heurtées aux réalités du terrain, entraînant de nombreux réajustements en termes d'objectifs et de modalités opérationnelles.

Plus généralement, la réaction européenne face à cette catastrophe a été l'occasion de tester à la fois les mécanismes d'action conjointe entre les États membres et la Commission et l'intégration d'une force de Protection Civile au sein d'ECHO – deux mesures prévues par le Traité de Lisbonne. Le financement européen a donc été destiné à l'aide humanitaire d'urgence, mais aussi au déploiement de plusieurs dizaines d'équipes de Protection Civile, composées de sauveteurs provenant de 25 États membres. Il s'agissait d'équipes de recherche et sauvetage (*Search and Rescue Teams*) en milieu urbain, d'équipes d'évaluation et d'équipes médicales. Ceci a permis de monter deux hôpitaux de campagne, six unités d'assainissement, ainsi que des abris sous tentes permettant d'abriter 20 000 personnes.

En dehors de son rôle de bailleur de fonds, ECHO est fortement impliquée dans les mécanismes de coordination humanitaire, notamment dans les partenariats que peuvent nouer sur le terrain les grandes ONG internationales avec des ONG locales et les acteurs de la société civile.

Sur la question particulière de la coordination civilo-militaire en temps de crise, ECHO semble partager le point de vue des ONG en s'intéressant d'une part à sa faisabilité, et d'autre part, à ses effets indésirables en cas d'urgences complexes ou de conflits armés. À ce titre, la gestion des équipes de Protection Civile, désormais sous la responsabilité d'ECHO pour les ONG, va être un indicateur précieux de la façon dont le curseur civilo-militaire se déplacera dans le cadre de futures crises complexes. En effet, la position des ONG s'oppose à celle des États et des organisations comme l'OTAN ou l'UE qui militent pour une plus grande intégration des acteurs civils et militaires en matière de gestion de crise.

La DG ECHO, très connue des acteurs humanitaires qu'elle finance mais très peu visible auprès du grand public, pourrait se trouver d'ici peu dans une situation délicate. En effet, dans une période de crise économique européenne, une ventilation plus politique – et moins humanitaire – des fonds d'ECHO pourrait donc se poser. Dans cette hypothèse, l'image de crédibilité, d’impartialité et d'indépendance dont bénéficie ECHO auprès des acteurs humanitaires pourrait être fondamentalement remise en cause.

L’ancienne Commissaire européenne aux affaires humanitaires, Kristalina Georgevia, avait rappelé lors de la Conférence Nationale Humanitaire, le 16 novembre 2011 à Paris, que la Commission européenne – y compris le SEAE – entendait préserver ECHO. Tout d'abord politiquement en s'appuyant sur le Consensus Humanitaire Européen, mais aussi financièrement, en restant avec un budget annuel d'au moins 1 milliard d'euros pour la période 2014-2020. Les difficultés économiques structurelles rencontrées en Europe viendront-elles briser ces promesses ?

Néolibéralisation du modèle économique humanitaire et du développement ?

Si la pauvreté globale a reculé, elle s’est pourtant accentuée dans les pays les plus fragiles, notamment ceux avec un taux de croissance démographique excédant les 3 %. On peut citer l’Afghanistan, le Nigéria, la RDC ou le Bangladesh. En 2025, le nombre attendu de pauvres dans le monde sera de 560 millions de personnes, et le coût estimé pour répondre à cette situation de 166 milliards de dollars, soit 119 milliards d’euros. Bien qu’entre 2005 et 2010 plus de 90 milliards de dollars d’aide aient été affectés aux crises en Irak et en Afghanistan, les montants ciblant le continent africain sont loin d’avoir été dans les mêmes proportions, alors que 50 % du nombre total de personnes en dessous du seuil de pauvreté vivent sur ce continent. Malgré un taux de croissance économique de 5 à 6 % par an, il est prévu qu’en 2025 cette part de population pauvre dépasse les 80 %. Un rapport du Fonds monétaire international[115] est venu rappeler le contraste entre des pays comme le Soudan du Sud ou la Sierra Leone qui présentent des taux de croissance supérieurs à 10 % et des pays comme la RDC, avec des taux négatifs à -14,5 %. En plus des tensions géopolitiques et des effets du changement climatique

[115] *Sub-Saharan Africa: keeping the pace*, Regional Economic Outlook. Fonds monétaire international, octobre 2013.
http://www.imf.org/external/pubs/ft/reo/2013/afr/eng/sreo1013.pdf

sur certaines matières premières, le manque d'infrastructures, une productivité médiocre et le ralentissement des économies émergentes, pouvant infléchir les exportations, rendent la croissance économique de l'Afrique extrêmement aléatoire et fragile.

Concernant les opérateurs de l'aide, la crise financière qui touche aujourd'hui les pays occidentaux, et plus particulièrement la zone Euro, risque d'accélérer deux tendances déjà à l'œuvre dans les pays anglo-saxons, à savoir : les processus de fusion-concentration des ONG et le recours à des entreprises privées à but lucratif pour l'organisation et la distribution de l'aide internationale. À l'instar du monde industriel, certaines ONG de taille intermédiaire ont décidé de fusionner pour devenir de grosses structures, parfois transnationales, qui, arguant de leur efficience, espèrent capter une part plus grande des subsides financiers proposés par les bailleurs de fonds, nationaux comme internationaux. En France, on peut citer la fusion opérée en 2011 entre les ONG Première Urgence et Aide Médicale Internationale, ou, en 2006, la fusion entre Atlas Logistique, très active durant les conflits des années 1990 dans les Balkans, et Handicap International. Ceci est révélateur du fait que le secteur humanitaire comprend des poids lourds économiques se partageant le marché de la solidarité, une majorité des financements occidentaux étant « captés » par une minorité de grosses ONG. Il y a donc, d'une part, les grosses structures qui défendent leur position, s'organisant en consortium et adoptant des postures monopolistiques, et d'autre part, les organisations plus petites, s'orientant plutôt vers des activités de niches et n'hésitant pas, pour se renforcer, à s'associer à d'autres petites structures.

Aux États-Unis, il existe déjà une forte concurrence entre ONG, fondations et entreprises privées de développement à but lucratif pour accéder aux fonds publics (et privés) des bailleurs de fonds. Les mécanismes d'attribution des contrats pour les programmes d'aide au développement passent par des appels d'offre permettant aux bailleurs de sélectionner les « prestataires de service » les plus compétents, mais aussi les « mieux disant », donc les plus rentables pour le bailleur. Le chercheur François

Audet rappelle qu'au Canada[116] les financements de l'aide au développement ont diminué de 10 % et s'orientent de plus en plus vers des ONG confessionnelles (voire prosélytes) et vers le secteur privé à but lucratif. En Europe, et particulièrement en France, le milieu des ONG pense encore avec une certaine naïveté que la sphère humanitaire restera, de principe, réservée aux seules ONG. Pourtant, depuis quelques années, ECHO, le Bureau Humanitaire de la Commission européenne, principal bailleur européen et mondial de l'aide humanitaire, a déjà opéré une sélection drastique parmi les grosses ONG occidentales (et quelques autres), pour déterminer celles qui seront les récipiendaires de l'aide européenne.

L'enjeu est à la fois économique et social. Économique car les budgets des grosses organisations non gouvernementales s'évaluent en centaines de millions d'euros (100 millions pour Action contre la faim, 830 millions pour OXFAM, 1 milliard pour le réseau MSF). Le budget de l'ONG *Word Vision* avoisine les 2 milliards d'euros, c'est-à-dire est comparable à celui de l'OTAN ! C'est aussi un enjeu social, car la présence des ONG à travers le monde permet d'employer des centaines de milliers de personnes, et notamment du personnel local. Pour ces raisons, la concurrence aux financements publics comme privés est rude entre organisations, et les techniques utilisées (marketing commercial, management) sont celles adoptées par le secteur commercial. Ce phénomène est encouragé par les bailleurs institutionnels (Banque mondiale, Union européenne, Nations Unies), qui privilégient ouvertement la mise en place de *consortia* entre ONG. L'externalisation et la contractualisation des services sont également devenues monnaie courante, le tout élégamment enveloppé dans les nouveaux principes de redevabilité et de transparence financière. Il y a encore quelques années, ces perspectives paraissaient impossibles, mais la crise économique globale, comme l'inertie et l'institutionnalisation de la plupart des

[116] F. Audet, *Transformation idéologique dans l'aide canadienne : rupture ou continuité ?*, Observatoire canadien sur les crises et l'action humanitaire - OCCAH, juin 2012. http://www.aqoci.qc.ca/IMG/pdf/francois_audet_transformation_ideologique_dans_l_aide_canadienne.pdf

grandes ONG occidentales, ont fait changer les mentalités et les pratiques.

La coopération et le développement – primordiaux pour atteindre les Objectifs du Millénaire pour le Développement et aujourd'hui ceux du Développement Durable – s'opèrent désormais dans des cadres de plus en plus intégrés, conditionnant l'aide apportée à des politiques commerciales, migratoires, de sécurité et de défense. L'« *industrie de l'aide* »[117], et particulièrement celle concernant le bien-être social (santé, éducation, environnement), risque d'être de plus en plus dépendante, non seulement de nouveaux modes de financement comme le système du « *cash transfer* » (via la téléphonie mobile), mais aussi d'une augmentation significative des financements privés, comme la philanthropie[118] et l'investissement à impact social, aux dépens de l'aide publique au développement et des financements institutionnels pour l'action humanitaire. Progressivement, la porosité des frontières entre ces modalités de financement s'accentue et l'utilisation des NTIC vient compléter cette interpénétration.

Financement de l'aide au secteur privé et investissements à impact social

Il y a encore peu, les populations les plus vulnérables étaient considérées comme un fardeau par de nombreux gouvernements. Ceux-ci laissaient les organisations de solidarité s'en occuper. Ces personnes, dont la majorité appartient à la catégorie des pauvres (c'est-à-dire vivant avec moins de deux dollars par jour[119]), sont désormais considérées par les économistes et les financiers comme des parts de marché potentielles, celui de la *base de la pyramide*. La crise financière de 2008 a constitué un vecteur de transformation vers des financements privés du développement. De plus en plus de gouvernements occidentaux regrettent que les financements sociaux, principalement ceux de l'aide publique au

---

[117] H. Kharas, A. Rogerson, *Horizon 2025. Creative destruction in the aid industry*, Overseas Development Institute (ODI), juillet 2012.
[118] Fondation Bill et Melinda Gates, par exemple.
[119] http://www.inegalites.fr/spip.php?article381

développement, n'aient pas joué leur rôle dans les pays bénéficiaires, ce qui peut justifier une réorientation de leur soutien vers les investissements du secteur privé. La corruption des élites dans de nombreux pays en voie de développement a également favorisé cette posture. Cette réorientation des financements du développement pose néanmoins un certain nombre de questions, la première étant l'adéquation entre les besoins des populations et la nature des investissements réalisés. Pour de nombreuses associations locales, cette tendance est pénalisante pour les populations[120] : « *les Partenariats Public-Privé sont un exemple clair de la manière dont cette socialisation des pertes et cette privatisation des profits sont consacrées dans un partenariat biaisé entre les secteurs publics et privés* ». Cette attitude constitue une remise en question du paradigme du développement actuel qui sous-tend les politiques de développement. Il faut donc instaurer des règles claires en termes d'investissements responsables. Le contrôle doit revenir aux pays en développement plutôt qu'à des organes extérieurs, afin de favoriser un meilleur alignement des investissements du secteur privé suivant les priorités nationales. De nombreuses entreprises affichent également leur responsabilité sociétale, et quand certaines ONG nouent des partenariats avec GDF-Suez, Total ou Michelin, elles ciblent les communautés locales[121]. La Responsabilité Sociétale d'Entreprise peut se définir comme « *les moyens formels et informels dans lesquels le secteur des affaires réalise une contribution visant à améliorer la gouvernance, et les conditions sociales, éthiques, de travail et environnementales, des pays en voie de développement dans lesquels il opère, tout en restant sensible aux contextes religieux, historique et culturel, dans lequel il s'inscrit* »[122]. Les deux types de financement qui vont être développés dans le paragraphe suivant ne correspondent pas à la responsabilité sociétale, mais

---

[120] P. Quintos, Fondation IBON, Philippines.

[121] J. Auriac, *Les communautés locales, nouvelle cible des partenariats ONG-entreprises*, site d'information YOUPHIL, 17 mars 2014 http://www.youphil.com/fr

[122] W. Visser. « Corporate social responsibility in developing countries » in A. Crane, A. McWilliams, D. Matten, J. Moon & D. Siegel (eds.), *The Oxford Handbook of Corporate Social Responsibility*, Oxford: Oxford University Press, 2008.

relèvent de stratégies différentes. Nous regarderons la façon dont les gouvernements – notamment occidentaux – et les institutions de financement du développement (IFD) favorisent désormais l'aide au secteur privé et particulièrement aux entreprises. Au-delà de ce financement public pour le secteur privé, il existe également un financement privé pour des domaines relevant *a priori* du secteur public : ce sont les investissements à impact social, dont le périmètre – et l'impact réel – méritent d'être abordés.

Financement de l'aide au secteur privé

En 2013, la plateforme des ONG françaises, Coordination Sud, a fait un bilan exhaustif des nouvelles modalités de financement de l'aide au développement octroyée par les gouvernements aux entreprises et au secteur privé[123]. Le premier élément d'analyse est que cette ouverture vers le secteur privé est le résultat de décisions politiques d'organismes gouvernementaux et supra-gouvernementaux. En effet, « *le soutien au secteur privé s'affirme progressivement comme une priorité stratégique de l'aide aux pays du Sud. Ainsi, entre 1990 et 2007, le financement d'entreprises au nom du développement a été multiplié par dix, passant de 4 milliards de dollars à 40 milliards de dollars par an. Le secteur privé est présenté comme le nouvel acteur clé, moteur de la croissance, créateur d'emplois et facteur de redistribution des richesses. [...], les entreprises seraient capables d'assumer des missions d'utilité publique en s'engageant dans une démarche de responsabilité sociale et environnementale* ».

Face à cette tendance, de nombreuses organisations de la société civile manifestent leur inquiétude et soulignent les limites de ce « *virage de l'aide* ». Elles dénoncent tout d'abord ce qu'elles interprètent comme une diplomatie économique des pays riches. En effet, les multinationales reçoivent principalement ces financements alors que seulement 25 % des entreprises situées

---

[123] S. Chailleux, M. Lippmann, *Le secteur privé dans le financement du développement*, Rapport de Coordination Sud, octobre 2013. http://www.coordinationsud.org/wp-content/uploads/Le-secteur-priv%C3%A9-dans-laide-au-d%C3%A9veloppement-web-pages.pdf

dans les pays « bénéficiaires » sont aidées. Or il s'agit bien de ces PME ou TPE qui sont au cœur du tissu économique local, et il en résulte un vrai déséquilibre en défaveur des pays du Sud. La deuxième critique concerne l'impact de ces financements sur le développement durable. En effet, plus qu'un développement harmonieux respectant l'environnement et les contextes locaux, c'est bien la rentabilité immédiate qui est visée. Ce détournement vers la financiarisation témoigne de la perte du contrôle public sur le financement du développement qui, au final, se fait au détriment des populations. On peut ainsi montrer que « *dans le secteur agricole, les IFD appuient principalement des grands complexes agro-industriels, qui accaparent les terres des paysans locaux* »[124]. Cela souligne les insuffisances des discours et des cadres imposés par l'Agence Française de Développement (AFD) et la Banque Européenne d'Investissement, censés encadrer la responsabilité sociale des entreprises. Les détracteurs de cette préférence au secteur privé dénoncent enfin le caractère opaque de ce financement, lié à la fois au secret bancaire des principales IFD, mais aussi à l'absence de critères clairs sur le choix des projets, leur mise en œuvre et leur évaluation. Ce manque de transparence est aussi l'apanage de certaines entreprises qui n'hésitent pas à pratiquer des stratégies d'évasion fiscale, aux dépens des pays du Sud dans lesquels elles ont investi. Une régulation politique plus contraignante de l'aide au secteur privé semble donc devoir s'imposer pour que les Objectifs du Développement Durable soient respectés et atteints.

Investissements à impact social

Depuis quelques années est apparue une alternative pour financer, avec des capitaux privés à grande échelle, les enjeux du développement. Il s'agit des *impact investments*, que l'on peut traduire par *investissements à impact social* (IIS). La diminution mondiale de la ressource publique a clairement favorisé ces nouvelles pratiques où les notions de retour sur investissement et de don pour des causes sociales ne semblent plus opposées et incompatibles. L'idée affichée de ces IIS est de créer un impact

[124] S. Chailleux, M. Lippmann. *Ibid.*

positif au-delà du retour financier, prenant aussi en compte les performances sociales et environnementales. La différence entre RSE et IIS provient du fait que cette dernière affiche une démarche proactive, alors que la RSE se contente de minimiser les effets négatifs de son impact. On peut définir l'IIS comme une stratégie d'investissement dans une organisation non cotée, par laquelle un investisseur cherche à placer des capitaux dans des entreprises qui génèrent un rendement financier associé à un impact positif social. Ceci concerne une palette très variée d'investisseurs potentiels : fondations philanthropiques, banques commerciales, personnes privées et riches, entreprises, voire institutions de financement du développement. Ils agissent sur de multiples secteurs, incluant l'agriculture, l'accès à l'eau, l'habitat, la santé, l'éducation, l'énergie et les services financiers.

La cible première de ces investissements concerne la population constituant la base de la pyramide , c'est-à-dire celle des individus gagnant moins de 3 000 dollars par an[125]. L'expression « *bottom of the pyramid* » a été utilisée la première fois par le Président américain Franklin D. Roosevelt en 1932. Elle a ensuite été popularisée par l'ouvrage du Professeur C. K. Prahalad[126], de l'Université du Michigan, qui engageait les entreprises à considérer les pauvres comme des consommateurs. Le nombre de ces derniers est estimé à 4 milliards, dont les foyers représentent une valeur globale de 5 000 milliards de dollars[127]. L'Asie et le Moyen-Orient en comptent le plus grand nombre (avec 2,9 milliards de personnes), suivis par l'Afrique (486 millions), l'Amérique latine (360 millions) et l'Europe de l'Est (254 millions). La taille des différents secteurs d'investissement varie significativement selon l'activité et l'on distingue ceux qui sont relativement petits, comme l'eau (20 milliards de dollars) et les technologies de l'information et de la communication

125 A. L. Hammond, W. J. Kramer et al., *The Next 4 billion. Market size and business strategy at the base of the pyramid*, World Resources Institute and International Finance Corporation, 2007. http://www.wri.org/publication/next-4-billion

126 C. K. Prahalad, S. L. Hart, *The fortune at the bottom of the pyramid. Eradicating poverty through* profits, Editions Person Prentice Hall, 2006.

127 A. L. Hammond, W. J. Kramer et al., *Ibid.*

(51 milliards, mais en pleine expansion), ceux qui sont considérés comme moyens, comme la santé (158 milliards) et l'habitat (332 milliards), et celui qui se taille la part du lion : l'alimentation, avec 2 895 milliards de dollars.

Une étude menée conjointement par la banque J. P. Morgan et la Fondation Rockefeller[128] a récemment montré que les investisseurs qui ciblaient ces populations pauvres dans les pays émergents et en voie de développement pensent que le bénéfice social de ces IIS ne se fera pas au détriment des retours financiers. Au contraire, ils estiment que les taux de retour sur investissement avoisineront en moyenne entre 8 et 15 %. Il semble donc exister une vaste opportunité de marché pour ce type d'investissements. Une analyse prospective sectorielle sur la décennie à venir montre, par exemple, qu'un capital d'investissement compris entre 214 et 786 milliards de dollars sur l'habitat urbain pourrait engendrer un profit évalué entre 177 et 648 milliards de dollars. Dans le domaine de la santé, investir entre 400 millions et 2 milliards de dollars sur la santé maternelle pourrait rapporter jusqu'à 1 milliard de dollars de bénéfice. L'existence de telles opportunités semble provenir du fait que, jusqu'à présent, le secteur commercial traditionnel n'a pas pris en compte les besoins des populations les plus pauvres. L'IIS se veut complémentaire des actions de solidarité gouvernementales et non gouvernementales (ONG, fondations philanthropiques) menées auprès de ces personnes, notamment dans les domaines de la santé et de l'éducation. Ces nouvelles formes de commerce ne relèvent-elles pas d'une certaine exploitation de la misère pour le profit d'une minorité bien plus fortunée ? Peut-être… Néanmoins, force est de reconnaître que sortir d'une logique binaire (solidarité vs économie) amène un regard neuf sur les besoins de ces populations, certainement plus libéral, mais aussi moins paternaliste. L'essor de la téléphonie mobile payante en Afrique et en Amérique latine, comme les procédés de transfert d'argent via ces nouvelles technologies, ont constitué des opportunités de sortie

128 N. O'Donohe, C. Leijonhufvud et al., *Impact investments: an emerging asset class*, Rapport J. P. Morgan – Rockfeller Foundation- Global Impact Investing Network, novembre 2010. http://www.rockefellerfoundation.org/uploads/files/2b053b2b-8feb-46ea-adbd-f89068d59785-impact.pdf

de la pauvreté pour de nombreuses personnes. Un regard plus pragmatique qu'idéologique amène à reconnaître que l'argent drainé par la solidarité internationale ne pourra, à lui seul, pas résoudre tous les problèmes humanitaires et de développement. À mi-chemin entre la solidarité désintéressée et le commerce traditionnel, dont le seul objectif est la rentabilité, l'IIS peut être considéré comme un investissement chargé d'amener un capital, de faire émerger ou d'améliorer une action commerciale, avec l'intention explicite de générer des impacts sociaux et/ou environnementaux positifs, et de produire des bénéfices (ou au moins de ne pas perdre sa mise). L'infrastructure de ce nouveau marché bénéficie depuis 2009 du *Global Impact Investing Network*, réseau fondé par la banque J. P. Morgan, la Fondation Rockefeller et l'USAID.

Les enjeux financiers de l'aide humanitaire et du développement sont majeurs. La mise en œuvre de ces nouveaux modes hybrides de financement échappe de plus en plus à la vision duale, jusque-là prévalente, et présente un certain degré de gouvernementalité néolibérale, lié à la mondialisation et à la financiarisation des biens publics. Le manque de régulation politique actuel ne peut éluder les potentialités qu'ils ouvrent pour des millions de personnes paupérisées. Ces nouveaux modes de financement nécessitent néanmoins une approche prudente. Les formes brutes du socialisme et du capitalisme ont montré leurs limites et ont échoué à résoudre les enjeux de pauvreté, de développement, et d'accès aux besoins basiques. Plutôt que de mettre en exergue les failles, il faut faire jouer la créativité des solutions inattendues, hors des cadres réflexifs habituels, les tester et sélectionner celles qui se révèlent efficaces (et pas seulement efficientes). L'investissement à impact social est une manière de « *repenser la pauvreté* », même si elle diffère de la démarche développée par Abhijit Banerjee et Esther Duflo[129] lorsqu'ils ont co-fondé le laboratoire d'action contre la pauvreté, le J-PAL[130]. Que ce soit vis-à-vis des IFD finançant le secteur privé ou des entreprises opérant dans l'IIS, la société civile et les ONG doivent

[129] A. Banerjee, E. Duflo, *Repenser la pauvreté*, Éditions du seuil, 2011.
[130] http://www.povertyactionlab.org/fr/j-pal

exercer un droit de regard critique. Le financement de PME locales – en difficulté, mais susceptibles de fournir du travail aux populations vulnérables –, la rigueur dans la sélection et l'évaluation des projets, la priorité mise sur des activités respectueuses de l'homme et de son environnement, une plus grande transparence dans l'attribution des fonds, un engagement sincère des IFD pour une croissance des pays les plus pauvres : tels sont les jalons indispensables de cette démarche. En plus d'une vigilance citoyenne, une régulation politique plus rigoureuse des financements publics, fondée avant tout sur les besoins des populations, est également nécessaire.

D'une solidarité financée par le secteur privé à une aide payante ?

La percée des financements privés dans le méta-système de la solidarité internationale en général, et de l'aide humanitaire en particulier, ne peut être niée. Aux États-Unis, plus de 70 % de l'argent récolté par les ONG provient de fonds privés (particuliers, entreprises, fondations). Les ONG internationales ont également développé la formation et les stratégies de renforcement de capacité de leurs équipes nationales (qui représentent jusqu'à 90 % des ressources humaines sur le terrain) et des populations bénéficiaires. Les ONG locales ont également beaucoup progressé sur ces enjeux, même si leur accès aux financements reste problématique. La proximité géographique et culturelle avec les populations leur permet aussi un accès direct et facilité, et donc la possibilité de remplacer des services (santé, éducation, habitat, énergie…) normalement du ressort de l'État en place. Récemment des plateformes internet[131] ont permis d'identifier des projets locaux et de les financer rapidement, avec des coûts de fonctionnement minimes. L'apport des technologies de l'information et de la communication se révèle ici primordial pour de nouveaux modes de financement, plus directs et (presque) sans intermédiaires, comme le « *cash transfer* » ou transfert d'argent. Pionnier en la matière, le Kenya a permis aux plus pauvres d'ouvrir des comptes en banque via leur téléphone portable, leur ouvrant le

[131] www.kiva.org, www.globalgiving.org, www.givedirectly.org

droit et la possibilité de bénéficier de services financiers (« M*obile money »).* Ce type d'initiative est repris dans de nombreux pays comme Haïti ou les Philippines. Si, en 2010, seuls 10 % de la population mondiale vivant avec moins de 2 dollars par jour avait un compte bancaire, plus de 5,3 milliards de personnes avaient un téléphone portable. Master Card et Visa développent actuellement des programmes visant à universaliser l'accès à un compte bancaire, même dans des zones de conflits ou de catastrophes naturelles. Ces filets de sécurité et possibilité de transferts financiers vont inévitablement modifier la façon dont l'aide sera demandée (ou non) par les populations et poseront la question de la gratuité de certains programmes de solidarité, dont la pérennité des actions se ferait sous la forme de services payants. Les populations potentiellement bénéficiaires de ces offres privées refuseraient-elles si cela leur assurait la jouissance de biens basiques jusqu'ici très aléatoires, pas forcément durables, et déterminés uniquement par la volonté des ONG ? Le rôle des ONG et des acteurs de la société civile impliqués dans ces enjeux n'est pas d'opposer une contradiction rhétorique et dogmatique, mais de faire converger les principes qui les guident avec des solutions pérennes et pragmatiques. Quelle serait la logique qui voudrait que les ONG qui acceptent l'argent des entreprises et du secteur privé refusent que d'autres entreprises essayent de pénétrer ces marchés potentiels ? Interpeller la mondialisation et ses dérives, ce n'est pas l'accepter lorsque cela sert ses propres intérêts et la rejeter lorsqu'elle vous met en position de concurrence ou en difficulté. Les ONG se retrouvent *de facto* prises en tenailles entre leurs discours d'indépendance et leur réalité financière, et il leur est difficile aujourd'hui d'en sortir sans paraître contradictoires ou hypocrites. Rechercher à nouveau le sens profond de leurs actions, retrouver le fil de leurs intentions, ce qui fait leur vraie différence avec des prestataires de services à but lucratif, et le faire savoir. Voilà probablement des pistes de réflexion que pourraient emprunter les ONG sur les enjeux actuels du financement de la solidarité, si elles veulent se démarquer sans se discréditer.

Géopolitique du néolibéralisme : sécurité, lutte contre le terrorisme et privatisation du militaire

La notion d'*espace humanitaire* semble aujourd'hui caduque, tant les terrains sur lesquels interviennent les humanitaires sont complexes et chargés d'enjeux extra-humanitaires d'ordre politiques, militaro-sécuritaires, économiques, anthropo-sociologiques ou bien encore religieux. Il en a probablement toujours été ainsi, mais un prisme trop occidentalo-centré de l'action humanitaire l'avait partiellement occulté. La défense d'un strict espace humanitaire ne semble pas plus légitime, ni réaliste, qu'un strict espace religieux, économique ou politique. Ceci dit, il n'en reste pas moins vrai que la « *securitization*[132] » par les États et les organisations internationales (comme l'OTAN, mais aussi l'UE) des terrains de conflits est aussi une réalité. Une réalité qui a commencé à prendre forme avec les guerres des Balkans et s'est consolidée après les attentats du 11 septembre 2001, pour atteindre une échelle globale. La sécurité (ou plutôt l'insécurité) des humanitaires dans ces contextes est devenue une préoccupation majeure pour les ONG. Cette insécurité a pour traduction concrète une diminution de l'accès aux populations. Les questions de terrorisme (et de son corollaire, la lutte anti-terroriste) impactent désormais la sphère humanitaire. Enfin, l'utilisation quasi-systématique d'approches intégrées (appelées « approches globales » par l'OTAN) dans le cadre de conflits comme l'Irak ou l'Afghanistan devient un enjeu opérationnel et de plaidoyer important pour les ONG, et même pour les Nations Unies qui commencent à faire entendre leur différence de point de vue.

La privatisation des activités militaires s'est intensifiée depuis 2002 lors de la deuxième guerre en Irak, menée par l'administration de G. W. Bush. Elle a atteint un tel niveau d'intégration aux États-Unis qu'aujourd'hui l'armée américaine

---

[132] La « *securitization* » est un concept sociologique développé par Ole Wæver de l'École des Études de Sécurité de Copenhague. Dans une vision constructiviste, l'hypothèse est que l'idée de sécurité est déterminée par les discours, que la menace soit réelle ou non, et que certains problèmes sont socialement construits (à des fins politiques, militaires, etc.).

serait dans l'incapacité de la moindre projection de forces sans le soutien des opérateurs privés. Le dernier conflit afghan a vu le nombre d'acteurs militaires privés dépasser celui des acteurs étatiques, y compris en incluant les forces américaines et celles de la coalition internationale. Sur ces deux terrains de guerre, cette nouvelle géographie des forces militaires a impacté significativement les acteurs humanitaires et entravé leur accès aux populations vulnérables. Dans une période de contraintes budgétaires majeures, la taille des armées nationales est devenue un enjeu politique et économique de premier ordre, car il remet à plat le débat de fond sur les fonctions régaliennes des États et leur substitution potentielle par des acteurs privés.

Avec du recul, la période de la Guerre froide a pu représenter l'« âge d'or » de l'humanitaire, car l'espace de manœuvre, à la fois physique, politique et symbolique, paraissait sans doute moins contraint qu'aujourd'hui. Le nouvel ordre, ou plutôt désordre mondial qui a émergé suite à la chute du mur de Berlin, et plus encore après les attentats du 11 septembre, a en effet compliqué la tâche des acteurs humanitaires, la rendant plus ambiguë, plus politique, parfois plus manipulable, et assurément plus dangereuse.

Sécurité des humanitaires

Dans les conflits armés et sur les terrains complexes, la sécurité des acteurs humanitaires conditionne directement leurs capacités d'accès et d'assistance aux populations civiles vulnérables. Leur acceptation locale et la compréhension fine de leur environnement doivent devenir de perpétuelles interrogations, sans quoi la probabilité de survenue d'un incident grave s'accroît considérablement.

État des lieux sur la sécurité des humanitaires

Il est aujourd'hui démontré que les pertes de travailleurs humanitaires civils sont plus importantes que celles des troupes assurant les opérations de maintien ou d'imposition de la paix. Afin de comprendre et de quantifier ce phénomène, une étude menée en 2000, fondée sur l'analyse de 382 décès de travailleurs humanitaires survenus entre 1985 et 1998, a montré que les actes de violence intentionnelle seraient à l'origine de 68 % des décès[133]. Il s'agit plutôt d'hommes (90 %), souvent expérimentés (âge moyen légèrement inférieur à 40 ans), dont le décès survient, pour un tiers des cas, dans les trois premiers mois de la mission. L'assassinat délibéré de plusieurs travailleurs humanitaires, que ce soit en République Démocratique du Congo, au Rwanda, en Tchétchénie ou en Irak, révèle à quel point l'emblème des ONG ou des organismes internationaux humanitaires n'est plus protecteur, mais peut constituer une cible. Une cible facile : une « *soft target* ».

Une étude plus récente[134] indique que 83 acteurs humanitaires ont perdu la vie en 2006, soit trois fois le nombre de soldats des Nations Unies tués en mission de maintien de la paix lors de la même période. Le même rapport conclut que « *les organisations humanitaires ont largement échoué à considérer l'éthique de transférer le risque vers des personnels ou des locaux ou des ONG locales* ». En effet, les personnels nationaux représentent 80 % des victimes des incidents de sécurité qui touchent les acteurs humanitaires. De plus, la prise en compte du personnel local est loin d'être systématique dans les plans d'évacuation ou les formations à la sécurité. Cette situation est d'autant plus paradoxale que ce sont justement ces personnes qui seront les plus exposées à d'éventuelles représailles ou mesures de rétorsion après le départ des équipes expatriées. Il s'agit donc d'un véritable devoir de responsabilité auquel doivent faire face les ONG internationales, notamment sur les terrains de conflit.

Une étude[135] réalisée en 2009 montre aussi la relation entre conditions de sécurité et accès aux populations. L'insécurité - perçue comme réelle - des humanitaires apparaît accrue sur les terrains de conflits comme l'Afghanistan, la Somalie,

---

[133] Sheik M. et al., *British Medical Journal 2000* ; 321 : 161-168.

[134] Stoddard A. et al., Providing Aid in Insecure Environments: trends in policy and operations, 2006, ODI-HPG.

[135] Stoddard A., Hamer A. et Didomenico V., avril 2009, *Ibid.*

l'Afghanistan ou le Darfour[136]. Il s'agit essentiellement d'attaques sur des convois ou des bâtiments (39 %), d'enlèvements (25 %) et d'attaques d'individus (avec ou sans assassinats) avec des armes de petits calibres (19 %). Cette étude souligne que le nombre relatif[137] d'incidents graves est en augmentation constante depuis 2003, avec des motifs de plus en plus politisés et des attaques de plus en plus directes. Les assassinats de 10 humanitaires de l'ONG *International Assistance Mission*, en août 2010 au nord de l'Afghanistan, tout comme ceux de 17 membres de l'ONG Action contre la Faim en 2006 au Sri Lanka, ont confirmé cette tendance préoccupante.

En 2014[138], 460 humanitaires ont subi des attaques, provoquant 155 décès. La majorité des incidents concernait des homicides et des enlèvements, avec, de manière prédominante, des attaques durant les déplacements. Plus de 80 % d'entre eux faisaient partie des équipes nationales (*staff* local). Les trois quarts de ces attaques se sont produites en Syrie, au Soudan, au Soudan du Sud, en Afghanistan et au Pakistan.

Enjeux de la terminologie « sécurité des humanitaires »

Au-delà des statistiques, il paraît important de décrypter la signification du mot « sécurité », qui n'est pas la même pour tous et qui conditionne la réponse apportée. La sécurité ne doit pas être uniquement considérée au plan exclusivement opérationnel, mais également comme un ensemble politique dans lequel l'action humanitaire voit son indépendance et son identité propre questionnée face aux autres acteurs.

[136] Stoddard A., Hamer A. et Didomenico V., « Providing aid in insecure environments: 2009 update », Humanitarian Policy Group - Policy Brief, n° 34, avril 2009. Voir document « Pays concernés par le plus grand nombre d'incidents graves impliquant des travailleurs humanitaires (2006-2008) », graphique n° 5 en annexe n° 11.

[137] L'augmentation du nombre d'incidents graves n'est donc pas seulement dépendante de l'augmentation du nombre de travailleurs humanitaires sur les terrains à risque.

[138] Humanitarian Outcomes: Aid Worker Security, Report 2014.

On peut distinguer deux approches de la sécurité, l'une formatée et très procédurale, l'autre plus souple et moins normative. La première option, adoptée notamment par les agences onusiennes et des ONG anglo-saxonnes, privilégie une approche dissuasive avec ses aspects militaires, comme par exemple les escortes armées, et logistiques, comme l'utilisation de matériel perfectionné de télécommunication. Leur stratégie primordiale consiste en l'établissement de procédures formelles et strictes de sécurité. D'autres ONG aux cultures différentes, comme MDM ou MSF, essayent d'adopter une approche plus souple, moins normative, consistant à analyser, dans une dynamique de réseaux, la situation locale et les enjeux qui s'y rapportent, afin d'en avoir la meilleure compréhension possible et de pouvoir pro-activement adapter programmes et comportements. Néanmoins, le respect de règles de sécurité adaptées à chaque contexte et à la formation correcte du personnel constituent des exigences valables pour chaque ONG.

Il paraît important de ne pas s'enfermer dans une problématique de « sécurité sécuritaire » mais, au contraire, de décloisonner la sécurité en termes de perception, d'acceptation, de démarche inclusive des populations locales, de contextualisation dynamique et de grande flexibilité des programmes. Il revient à chaque ONG de l'intégrer à sa propre culture identitaire et de privilégier la relation à l'autre. Dans ce champ humanitaire complexe, l'enjeu de la sécurité est également celui de la conservation de la capacité d'accès aux populations, d'action de proximité et de témoignage. L'exemple du kidnapping et de l'assassinat en 2004 de Margaret Hassan – de l'organisation CARE – en Irak, malgré la présence à ses côtés de gardes armés, montre les limites du concept de sécurité sécuritaire et souligne la nécessité d'un partage de l'information parmi les membres de la communauté humanitaire[139]. D'autres terrains, comme la Tchétchénie, paraissent plus accessibles, mais nécessitent des modalités opérationnelles innovantes, comme le support à distance

[139] Au moins deux tentatives de kidnapping avaient eu lieu sur d'autres expatriés dans le même secteur de la ville les jours précédents, mais l'information n'avait pas été diffusée.

de programmes (« *remote support* »). Au Darfour, la nature disparate des actes de violences – associant banditisme, prédation et volonté délibérée d'instaurer la peur et d'empêcher la présence d'ONG internationales – fait que ce sont les populations civiles et les travailleurs humanitaires, acteurs « non armés » de ce conflit, qui sont ciblés.

Aujourd'hui plus qu'hier, l'accès aux populations vulnérables passe par la capacité des humanitaires à appréhender et anticiper – à défaut de maîtriser – leur environnement. Cette compréhension contextuelle doit également permettre de conserver les capacités d'initiative et d'action, ainsi que la liberté de témoigner que revendiquent les organisations humanitaires.

Insécurité des humanitaires : alibi pour une normalisation

Si cette insécurité de terrain est bien réelle, elle n'est pas généralisée à tous les pays dans lesquels opèrent des acteurs humanitaires. La répartition de ces incidents graves de sécurité n'est pas uniforme, mais localisée dans certains conflits armés. Lorsque l'on distingue la fréquence des violences perpétrées contre des humanitaires au Soudan, en Afghanistan, en Somalie, en République Démocratique du Congo, au Pakistan et en Syrie, de celles perpétrées dans les autres pays, la figure globale perd de son homogénéité. En fait, hormis dans ces pays, la sécurité des humanitaires s'est globalement améliorée. Il est important aussi de rappeler que les travailleurs nationaux (90 % de l'ensemble des salariés humanitaires) sont les principales victimes, essentiellement en raison de leur nombre qui augmente de façon mathématique leur exposition au risque. Néanmoins, ces attaques délibérées, violentes et létales, sont de plus en plus motivées par des raisons politiques, visant des ONG internationales et surtout occidentales.

Les problèmes de sécurité rencontrés par les acteurs humanitaires sur les terrains de conflits ne recouvrent donc pas *une* mais *des* réalités. Les solutions adaptées ne peuvent être trouvées que dans une démarche contextuelle, et non dans un cadre formaté, reproductible à l'identique sur chaque terrain. Le maître-mot est l'adaptation, nécessitant une certaine souplesse dans les schémas d'organisation étant donné l'autonomie relative des terrains.

Pourtant, bien que la plupart des ONG revendiquent cette capacité d'adaptation, les schémas organisationnels, comme les formations délivrées sur les enjeux de sécurité, deviennent plus standardisés et externalisés.

La sécurité des humanitaires est, dans ce contexte, devenue un « *business intra-humanitaire* » florissant. Certaines organisations (comme RedR) sont désormais devenues des prestataires de formations rémunérées et d'autres, comme l'*International NGO Safety and Security Association* (INSSA), entendent promouvoir des « normes » de sécurité qui seraient, à terme, nécessaires à une labellisation des ONG. Cette tendance normative est portée par une vision occidentalo-centrée de l'humanitaire, qui ne correspond plus forcément aux attentes des populations, et encore moins à celles des différentes parties au conflit. Les bailleurs internationaux soutiennent largement ce cadrage et exigent désormais que le volet « sécurité » soit explicite dans les projets de programmes proposés à financement. Dans certains cas, l'enveloppe « sécurité » peut atteindre 20 % du budget des programmes. Pourtant, force est de constater que les ONG diluent encore leur ligne budgétaire « sécurité » au sein des autres lignes, car les gouvernements hôtes restent très sensibles sur cette question (comme au Soudan par exemple), et qu'il n'en existe pas d'évaluation financière précise.

Dans le débat sur les pratiques humanitaires actuelles en général, et notamment sur celles touchant à la sécurité, les ONG sont confrontées à une double contrainte et à une double réflexion : la première, assurer sans discrimination la sécurité des acteurs humanitaires opérant dans la petite dizaine de pays comportant des risques majorés objectifs et réels. Mais il faut le faire d'une manière qui ne « militarise » pas leurs interventions, mais qui, au contraire, exploite au maximum les avantages d'une bienveillance des populations. Deuxièmement, prendre en compte le cadre désormais élargi du concept de sécurité et éviter de participer aux approches globales (développées par les États) qui lient dans une connexion étroite la sécurité, militaire notamment, l'aide humanitaire et le développement. Le Consensus Humanitaire Européen a également clarifié que l'aide humanitaire ne pouvait être un instrument de gestion des crises, mais le conflit en Libye a encore démontré que beaucoup de gouvernements n'hésitent pas à se servir de l'alibi humanitaire pour des interventions militaires aux objectifs éminemment politiques.

La technicisation et la privatisation croissantes des questions de sécurité par les ONG, officiellement motivées par des raisons d'efficacité opérationnelle et d'efficience économique, sont également préoccupantes. La gravité des enjeux soulevés, comme le coût humain qui en résulte, interdit toute polémique stérile, l'objectif étant évidemment de gérer au mieux la multitude des contraintes présentes. Néanmoins, il ne faut pas renoncer à analyser cette question dans tous ses aspects – opérationnels, politiques, sémantiques –, ni à remettre en question sa potentielle instrumentalisation. Il ne peut donc exister de réponse globale ou générique à des situations majoritairement induites et explicables par des facteurs locaux. Pour ne pas tomber dans le piège du discours d'une insécurité globale qui justifierait des mesures normatives généralisées, les ONG n'ont donc pas d'autre choix que de privilégier l'*intelligence* au *renseignement*, et que de questionner la diffusion des pratiques normatives qui régissent l'action humanitaire.

Les velléités actuelles d'aller vers une certification des ONG humanitaires semblent plutôt de nature à renforcer cette normalisation du secteur, au détriment de réponses localement adaptées et au bénéfice d'une vision mercantile et uniforme des acteurs. Selon le Comité Directeur pour l'Action Humanitaire, « *la certification aurait pour objet principal de garantir que les organisations fournissent aux personnes touchées une assistance humanitaire de grande qualité, conformément aux principes et aux normes humanitaires* ». On ne peut aller contre l'idée qu'il faut que l'aide humanitaire réponde correctement aux besoins des personnes concernées. On peut par contre s'interroger sur la nature des critères de certification retenus et sur leur implication financière lorsqu'une ONG n'aura pas pu – ou pas voulu – les appliquer sur un terrain donné. Les bailleurs ne contracteront ils alors qu'avec les ONG « certifiées » ? Serait-ce une étape supplémentaire vers l'entreprenariat humanitaire, aux dépens de son statut associatif initial ? Cela confirme néanmoins que les ONG, loin d'être des contre-pouvoirs aux dérives de la globalisation, en adoptent désormais les discours et les méthodes de standardisation.

Terrorisme et stratégies anti-terroristes

L'Humanitaire en étau : « choc des perceptions » ou « choc des civilisations » ?

L'effondrement de l'empire soviétique a entraîné une relecture des conflits, dévoilant l'existence de dynamiques locales, déjà à l'œuvre mais « gelées » pendant la Guerre froide. Toutefois, si les causes et la nature des conflits contemporains sont multiples, ils sont en revanche plus radicalisés et polarisés. Ainsi, de nouveaux acteurs sont devenus plus visibles, parallèlement à l'autonomisation et la fragmentation des guérillas armées. Et de nouveaux brouillards sont provoqués par la distinction de plus en plus difficile à faire entre combattants et non-combattants, par la présence croissante des sociétés de sécurité/militaires privées et par l'augmentation significative des actions civilo-militaires effectuées par les armées conventionnelles. Cette confusion dans les mandats et les perceptions devient particulièrement délétère quand elle se couple à la radicalisation de certains groupes. En 2007, le scandale de l'Arche de Zoé au Tchad est venu confirmer la dépréciation progressive de l'« image humanitaire », en Occident comme ailleurs.

La « guerre globale contre la terreur » (*Global War on Terror* - GWOT), initiée par le gouvernement américain après les attentats du 11 septembre 2001, a également accentué le discours sur la division des valeurs, notamment entre le monde occidental et le monde arabo-musulman, en écho à la thèse du « Choc des civilisations » de Samuel Huntington, posant plus que jamais la question de la prétendue universalité des valeurs et des paradigmes prônés par les ONG humanitaires occidentales. Ce questionnement touche autant la perception que les populations locales et les parties au confit ont des humanitaires, que la compréhension que les ONG ont de ces dernières.

Les stratégies d'acceptation doivent être développées et intensifiées, et rester la pierre angulaire de l'approche « sécurité » des ONG, à l'opposé de la « bunkérisation » qu'ont adopté les structures d'autres acteurs, notamment étatiques, voire celles des Nations Unies. Même si l'approche communautaire a des limites, la proximité qu'elle induit reste incontournable pour s'implanter durablement, être efficace opérationnellement, atténuer les risques existants et respecter une certaine éthique humanitaire. De plus, elle diminue la probabilité d'actions basées sur des réflexions trop « ethno-centrées » et, de fait, en décalage avec les besoins réels des populations.

Sur ces terrains complexes, il apparaît que les dynamiques locales l'emportent sur les logiques globales. Au Darfour comme en Somalie, la lecture politique des alliances (et des ruptures) entre les différentes tribus et groupes armés se fait sur des territoires géographiques de 20 à 30 km^2, dans un contexte très mouvant et volatile. Ainsi, la thèse réductrice de Huntington a occulté l'hétérogénéité de chaque aire culturelle, et notamment celle de l'aire islamique, en négligeant que, dans la conduite des guerres, les logiques locales territoriales l'emportaient sur les interdépendances globales[140]. Dans ce contexte de sécurité dégradée, le personnel national continue d'être la première cible des attaques meurtrières et les stratégies alternatives comme le « *remote management* » (gestion opérationnelle à distance), bien que loin d'être idéales, sont parfois les seules possibles.

Les humanitaires ont parfois eux-mêmes contribué à cette confusion, par exemple quand, devant des difficultés ou des dangers, ils ont accepté le soutien/la protection de militaires ou de groupes armés pour acheminer l'aide ou pour se faire transporter eux-mêmes ou pour se protéger. Un certain nombre d'ONG et d'organisations internationales ont aussi recours, afin d'assurer leur protection, à des sociétés de sécurité privées, locales ou internationales. Ces pratiques, qui tendent à se répandre, risquent d'alimenter un marché commercial dont l'objectif principal est la

---

140 M.A. Pérouse de Monclos, *Guerre d'aujourd'hui. Les vérités qui dérangent*, Éditions Tchou, Paris, 2007.

gestion des opérations de maintien de la paix. La multiplication d'acteurs mettant en place des programmes « de type humanitaire » ou opérant de façon similaire participe aussi à la confusion. Ceci concerne aussi bien les actions civilo-militaires menées par de nombreux pays occidentaux, que les activités des organisations de développement à but lucratif (comme Chemonix, une entreprise américaine financée par l'USAID et menant des programmes d'aide aux populations afghanes).

Une « guerre contre la terreur » instrumentalisante et instrumentalisée

L'action humanitaire n'est pas séparable du Droit International Humanitaire (DIH). La constance et la cohérence du discours du CICR sont là pour le rappeler. Évoqué fréquemment comme un cadre juridique et normatif important, le DIH est pourtant de plus en plus souvent mis à mal par de nombreux États. Parmi ceux-ci, les États-Unis en ont eu jusqu'à récemment une interprétation très libre, voire contradictoire, comme l'illustrent les divers dérapages des soldats américains en Irak, en Afghanistan ou à la prison de Guantanamo. L'opération « *Iraqi Freedom* » en 2002 a constitué un tournant de l'action humanitaire dans le post-conflit. Cette approche unifiait sécurité, gouvernance, réponse humanitaire et reconstruction sous le contrôle direct du Pentagone – le Département américain de la Défense – dans le cadre du Bureau de Reconstruction et d'Assistance Humanitaire. Dans cette perspective, l'action humanitaire était liée de façon étroite à l'agenda de sécurité des États-Unis. Ainsi, Colin Powell a-t-il clairement dit que les ONG américaines devaient être des « *facilitateurs de la politique étrangère américaine* », notamment dans le cadre de la GWOT. Cette stratégie, supposée régler les « *incohérences de la communauté humanitaire* », qui du rôle d'actrice et de coordinatrice de l'action humanitaire devenait agent supplétif du gouvernement américain, a très vite montré ses limites et ses insuffisances, même en instaurant un commandement unique pour tous les aspects de la réponse liés au post-conflit. L'insécurité majeure en Irak et les difficultés extrêmes rencontrées par les ONG pour y travailler amènent à conclure que la stratégie de subordination politique directe et totale de l'action humanitaire s'est soldée par un échec, ce qui incite à promouvoir une approche inclusive et multilatérale plus respectueuse du DIH. L'humanitaire « embarqué » est non seulement dangereux par les perceptions faussées qu'il engendre, mais surtout s'est révélé, d'un point de vue très pragmatique, inefficace.

En Tchétchénie, la guerre contre le terrorisme a servi de prétexte aux autorités russes pour ne pas qualifier la situation de conflit armé et considérer tous les résistants tchétchènes comme des terroristes. Au niveau européen, il convient aussi de rester vigilant, car le traité de Lisbonne prévoit la création d'un corps de « volontaires humanitaires », associant ONG, protection civile, militaires et politiques. Cette stratégie intégrée de la Politique étrangère de sécurité et de défense (PESD), pilotée par le SEAE, risque d'ajouter de la confusion en risquant sur les terrains d'intervention, que ces « volontaires » soient davantage perçus comme des agents inter-étatiques de l'Union européenne que comme des acteurs humanitaires. La réforme des Nations Unies visant à réaliser des missions intégrées liant les agendas politique, militaire, humanitaire et de développement doit être considérée comme la volonté des États à intégrer désormais l'action humanitaire aux autres outils disponibles (diplomatiques et militaires notamment) pour la gestion des crises complexes. Il paraît donc indispensable de réaffirmer la nécessité d'un cadre d'intervention des ONG, dans le respect des principes de l'action humanitaire.

La qualification de « terroriste » a été souvent utilisée pour justifier l'injustifiable. L'exemple de l'Ogaden, en Somalie, et notamment du district de Kibri Dehar, illustre ce propos. Cette région est le théâtre d'un conflit chronique entre les forces gouvernementales et celles du Front National de Libération de l'Ogaden (ONLF), qui plaide pour une sécession de la région Somali. En Avril 2007, l'exploitation pétrolière chinoise d'Obole a été attaquée par l'ONLF, attaque qui s'est soldée par la mort de 9 travailleurs chinois et de 65 travailleurs éthiopiens. En mai 2007, après l'explosion de grenades dans la capitale administrative Jijiga, le Premier ministre éthiopien Meles Zenawi décide d'une opération politico-militaire d'envergure pour « contenir » les actions de l'ONLF. En juillet 2007, de nombreux témoignages confirment la stratégie du gouvernement éthiopien de renforcer son combat contre l'ONLF – qualifié d'organisation « terroriste » –, et ceci au mépris des populations civiles. Le DIH est ainsi violé à plusieurs reprises : incendies de villages, récoltes détruites, déplacements forcés de populations, viols, détentions arbitraires, blocus économique avec la Somalie. À cette période, le CICR est expulsé de la région, accusé d'espionnage et de désinformation, tandis qu'une liste noire d'ONG circule. D'autres ONG préfèrent se retirer de l'Ogaden. À ce jour, la circulation des humanitaires (en dehors des zones urbaines) est très surveillée et limitée, tandis que les médicaments nécessaires sont fréquemment bloqués et que l'état nutritionnel des populations (et notamment des enfants de moins de 5 ans) reste précaire. La situation humanitaire des populations civiles en Ogaden reste donc extrêmement préoccupante, de même que l'instrumentalisation de la GWOT faite par le gouvernement éthiopien pour justifier ses exactions contre les habitants de cette région et les contraintes imposées aux ONG.

Depuis les attentats du 11 septembre 2001, les lignes ont bougé et les humanitaires ont dû s'adapter, pour défendre leurs principes et leurs capacités d'intervention. Des tendances lourdes (privatisation du militaire, intégration de l'humanitaire à la gestion politique des crises complexes, poids croissant des bailleurs et des entreprises) se dessinent aujourd'hui sur les champs de l'humanitaire de demain. Il est donc nécessaire d'identifier et de dénoncer les brouillages de perception induits par les actions civilo-militaires dans certains contextes (Afghanistan, Irak, Tchad, Libye). Mais les ONG doivent aussi améliorer les démarches inclusives et participatives à l'intention des populations locales, tout comme affiner leurs capacités d'analyses de terrains complexes.

Les stratégies anti-terroristes face aux « racines du mal »

En avril 2011, les services de renseignement américains, en l'occurrence la CIA, ont utilisé le lancement d'une campagne de vaccination humanitaire comme prétexte pour introduire un médecin pakistanais dans la cache de Ben Laden au Pakistan. À juste titre, et de manière bien trop isolée, MSF a réagi publiquement à cette information, dénonçant l'instrumentalisation de l'humanitaire, ainsi que la confusion et les dangers à venir qui en résultaient. Ces pratiques d'instrumentalisation ne sont pas nouvelles, la preuve en étant la persistance des équipes de reconstruction provinciale (PRTs) en Afghanistan ou en Irak, associant civils et militaires pour des tâches d'assistance mais aussi de renseignement. Largement dénoncées par une majorité d'ONG présentes sur ces terrains, les PRTs n'ont jamais pu démontrer leur efficacité réelle, ni en matière d'aide aux populations civiles, ni en stratégie contre-insurrectionnelle dans les endroits où il le fallait. Par contre, il est avéré que leur présence a contribué à l'insécurité grandissante des ONG qui ont continué à mener leurs activités dans ces zones de conflits. En générant de la confusion et la perte de confiance envers ceux dont le seul mandat est de porter assistance aux plus vulnérables, et en induisant une suspicion – devenue légitime – envers tout ce qui s'apparente à une aide occidentale, les donneurs d'ordre de ces stratégies obliques ont perdu sur tous les tableaux. Les humanitaires, quant à eux, sont devenus extrêmement pragmatiques. Lorsque, pour répondre à une catastrophe naturelle ou à une épidémie, une stratégie d'intervention est définie et évaluée *a posteriori*, elle est modifiée, voire stoppée, si elle ne permet pas de répondre aux objectifs souhaités. Cette application de l'action fondée sur des preuves (« *evidence-based* »), relève de la volonté d'évaluer les stratégies qui fonctionnent. Les donneurs d'ordre plébiscitant les stratégies contre-insurrectionnelles (comme celles des PRTs en Afghanistan et en Irak) y voient sans doute plus leurs propres espérances que les résultats opérationnels.

Concernant l'instrumentalisation d'une campagne de vaccination humanitaire à visée antiterroriste, plusieurs réflexions s'imposent. Sur le plan des conséquences immédiates, la médiatisation de l'affaire Ben Laden empêche déjà l'accès aux soins et à la vaccination de populations vulnérables en Afghanistan et dans les zones tribales du Pakistan, alors que le taux de mortalité des enfants en bas âge y reste significatif. Ainsi, pour un bénéfice à très court terme, les dommages sur le long terme risquent d'être humainement considérables. La fin justifie-t-elle réellement tous les moyens ? Il est bien évident que la fin de Ben Laden était une priorité politique pour les États-Unis et que la coopération officielle des services de renseignement pakistanais (ISI), soutiens voire donneurs d'ordre de certains groupes talibans, était très peu probable. Néanmoins, l'utilisation d'un médecin et le montage d'une prétendue campagne de vaccination étaient-elles les seules options opérationnelles à disposition ? L'argument médical humanitaire, porteur d'une symbolique forte – celle de l'allègement des souffrances des populations –, a été utilisé parce qu'il était celui qu'on savait le plus convaincant, et encore le moins compromis, dans cette guerre des ombres livrée sur le territoire pakistanais. Ceux qui ont décidé de jouer aux apprentis sorciers ont, au-delà de la victoire tactique, essuyé une défaite stratégique. Voulant la vengeance et non la justice, malgré les déclarations du Président Obama, ils ont perdu dans cette bataille un repère majeur : celui de la capacité à différencier le moyen acceptable et le moyen inacceptable. À l'*éthique efficace*[141], ils ont préféré l'efficacité à tout prix, quelles qu'en soient les conséquences pour les humanitaires, maintenant décrédibilisés, et pour les populations qu'ils soignent.

Dans une période où les approches intégrées des gouvernements occidentaux font figure de dogme, mais où ces derniers tiennent à se rapprocher de « leurs » ONG, des clarifications sont à exiger des politiques comme des États-majors. Comme pour Guantanamo, la violation délibérée de l'éthique médicale à des fins purement politiques ne peut être admise et ses conséquences passées par pertes et profits. La justice n'est pas la vengeance, comme l'humanitaire – et encore moins la médecine – ne peuvent être un instrument politique. Si ces barrières tombent, cela n'affectera pas seulement l'Afghanistan ou le Pakistan, mais ce sont les principes mêmes des sociétés dans lesquelles nous vivons qui seront remis en cause.

L'humanitaire occidental face aux défis du terrorisme « glocal »

La mort, en 2011, de deux jeunes français au Niger a rappelé à ceux qui en doutaient que le Sahel (et notamment la zone s'étendant du Burkina Faso au Niger, en passant par le Mali et la

[141] M. Dantec, *Les racines du mal*, Éditions Gallimard, Paris, 1995.

Mauritanie) était devenu un terrain complexe et dangereux. Cette forme de terrorisme « *glocal* »[142] s'applique également aux zones tribales pachtounes, à la frontière afghano-pakistanaise, et désormais aux zones contrôlées par l'État islamique au Moyen-Orient.

Il s'agit d'un terrorisme se fondant sur des dynamiques locales, tribales, faites d'alliances et de défections opportunistes, alimentées par des trafics d'armes, de drogue, voire d'êtres humains, ainsi que sur des techniques de guérillas adaptées à chaque contexte, dans le désert sahélien comme dans les montagnes inhospitalières entourant la ligne Durand. Toutefois, la rhétorique utilisée par ces groupes terroristes, qu'ils soient *katibat* ou *taleban*, est celle du djihad global et leurs modalités de communication mêlent habilement techniques high-tech de l'information (internet, téléphones satellitaires), véhicules 4x4 transformés et pratiques ancestrales des porteurs de messages, indétectables par le renseignement électronique et satellitaire.

De Peshawar à Dera Adam Khel (au Pakistan), en passant par l'erg Ach-Chech à Nouakchott (en Mauritanie), dans ces nouveaux « sanctuaires » tout ce qui apparaît d'origine occidentale est également perçu avec défiance, voire comme une menace directe. Les ONG humanitaires occidentales, présentes souvent depuis des années et ayant tissé des liens forts avec les populations qui s'y trouvent, ont cru dans un premier temps qu'elles seraient épargnées par l'anathème djihadiste. La dure réalité les rattrape aujourd'hui et une adaptation de leur engagement opérationnel devient nécessaire, même s'il n'est pas seul garant de leur sécurité. Néanmoins, le danger serait de passer d'un extrême à l'autre, au détriment des besoins croissants des populations locales en matière d'accès aux soins, à l'éducation, ou de nutrition. Entre la paranoïa et la naïveté, il convient de cultiver la vigilance et l'intelligence. La posture à adopter est cruciale, devant être guidée par les valeurs de l'humanitaire (notamment l'indépendance et la neutralité), mais aussi par du pragmatisme, sans céder pour autant à une démagogie « anti-occidentale ». De tous temps, Occident et Orient ont

[142] Fusion de global et local.

interagi, avec leurs valeurs, leurs différences, mais aussi leurs richesses respectives. Les ONG humanitaires occidentales doivent tisser ce lien avec leurs sœurs orientales, dans de véritables partenariats, opérationnels comme financiers. Plutôt que de chercher à se « désoccidentaliser », il conviendrait peut-être d'œuvrer à changer le regard des autres en modifiant les pratiques, à enlever toute ambigüité sur les objectifs envers les populations (comme cela persiste pourtant chez certaines grosses ONG ouvertement évangélistes), et à accepter de ne plus être un modèle dominant, mais un modèle parmi d'autres. L'enjeu de la sécurité n'est pas disjoint de ceux de l'acceptation et de la perception. Là encore, la paranoïa comme la naïveté ne sont pas de mise. Il existe des limites à l'acceptation, mais en a-t-on réellement exploité toutes les facettes ? Dans les zones tribales du Pakistan, comme en Afghanistan, le terme « ONG » est devenu synonyme de compromission avec les forces militaires de l'OTAN, et plusieurs ONG médicales internationales se font désormais identifier comme « associations médicales »[143], terminologie plus neutre et plus acceptable localement. En miroir, le terme « associations » renvoie aussi au statut initial de l'action humanitaire et nous amène à réfléchir sur la trajectoire de professionnalisation (entre)prise depuis 30 ans et ses effets sur la perception. Infléchir plutôt que conquérir, proposer plutôt qu'imposer. Là encore, repenser à ce que fut l'humanitaire en Afghanistan dans les années 1980 n'est pas sans intérêt.

Avec un brin d'utopie, il s'agit peut-être d'une occasion inespérée de redécouvrir l'« objet humanitaire » d'origine, celui d'une aventure humaine collective et pas d'un « business » où l'on fait carrière. Par leur histoire, leur expérience et leur savoir-faire, les ONG occidentales gardent un rôle dans ces nouveaux contextes, mais vont devoir faire le pari – encore plus qu'avant – des partenariats et des renforts de capacités aux sociétés civiles. « Réinventer l'Occident »[144], dans sa réalité comme dans sa symbolique. En ce sens, les défis que pose aujourd'hui le terrorisme « glocal » peuvent constituer pour les ONG

[143] Discussion avec des responsables de MSF, 2011.

[144] H. El Karoui, *Réinventer l'Occident*, Éditions Flammarion, Paris, 2010.

humanitaires occidentales une opportunité de repenser leur modèle d'intervention.

La menace Daech

L'apparition de nouvelles entités terroristes, comme l'autoproclamé État islamique – ou Daech[145] –, a encore modifié la donne et rendu l'accès à certains terrains, extrêmement dangereux pour tout humanitaire, notamment en Irak et en Syrie. La communauté internationale a assisté, impuissante, à l'esclavage sexuel auquel ont été soumises de très nombreuses femmes yézidies, issues d'une communauté kurde déjà très stigmatisée par le conflit irakien. L'histoire atroce de la jeune humanitaire américaine Kayla Mueller, violée et détenue comme esclave sexuelle par le leader de Daech avant de mourir en 2015, a renforcé cette réalité vécue par des milliers de femmes capturées, violées, voire vendues pour un paquet de cigarettes. L'extrémisme et le sadisme de cette organisation rendent toute action de négociation quasi-impossible, et les territoires qu'ils contrôlent désormais de part et d'autre de la frontière syro-irakienne deviennent des *no man's-land* pour toute organisation humanitaire, occidentale ou non.

Cette situation a des conséquences sur les pays limitrophes (ou non) plus calmes, avec des afflux massifs de réfugiés fuyant le conflit. Fin 2014[146], plus de 6 millions de syriens étaient devenus des déplacés internes, et presque 3 millions des réfugiés, que ce soit au Liban, en Jordanie ou en Europe, après avoir traversé à leurs risques et périls la Méditerranée. Cette crise migratoire internationale sans précédent, associée au profil de Daech (idéologie extrémiste, moyens opérationnels-financiers-médiatiques considérables, utilisation du viol érigée en nouvelle théologie[147], volonté affirmée de créer un État et d'étendre géographiquement son contrôle au Moyen-Orient et au-delà,

[145] En fait, la terminologie arabe est Da'ish (*al Dawla al Islamiya fi al Iraq wa al Sham*).

[146] N. Fisher, « La crise syrienne, déplacements et protection », *Revue des Migrations Forcées*, n° 47, septembre 2014.

[147] « Théologie du viol : quand Daech rétablit l'esclavage des femmes », *Le Figaro*, 17 août 2015.

impossibilité pour les ONG d'accéder aux populations, volonté d'annihilation de tout ce qui ne correspond à leurs convictions – symboles, monuments, personnes) font donc de ce groupe, issu et nourri par « *l'anarchie politique et l'ignorance religieuse que connaît le monde arabe en général*[148] », une menace globale.

Privatisation du militaire : quels risques pour l'humanitaire ?

Privatisation du militaire et action humanitaire

Aujourd'hui, les entreprises militaires et de sécurité privées (EMSP) ont succédé aux « mercenaires » artisanaux, et leur poids est devenu considérable. Si leur activité en France est étroitement régulée[149], il s'agit d'une activité en pleine expansion au Royaume-Uni, évoluant dans le cadre des modifications structurelles du marché de la sécurité[150] de l'après-11 septembre. Cette industrie s'organise en Europe comme aux États-Unis, pour offrir un visage plus présentable, celui d'un mercenariat éthique, responsable, obéissant bien sûr aux lois du marché, mais conscient d'intervenir sur des zones sensibles. Pour preuve de cette quête de respectabilité, cette industrie de guerre s'est autoproclamée « industrie de la paix et de la stabilité ». Elle a désormais ses publications, ses instituts de recherche et affirme que la plupart des EMSP respectent les codes de conduite éthique, que ce soit celui de l'*International Peace Operations Association* ou de la *British Association of Private Security Companies*[151].

Le nombre croissant d'EMSP sur les terrains de conflits, et donc au contact des humanitaires, est aujourd'hui une réalité. Bien que plutôt rare quand il est rapporté au nombre total d'opérations humanitaires en cours, le recours à des formes privées de

---

148 Propos de Mathieu Guidère in « Théologie du viol : quand Daech rétablit l'esclavage des femmes », *Le Figaro*, 17 août 2015, *Ibid.*
149 Article 436-1 du Code Pénal.
150 Bearpark A. et Schulz S. (2007). « The regulation of the private security industry and the future of the market » in Simon Chesterman and Chia Lenhardt, *From Mercenaries to Market: The rise and regulation of Private Militariy Companies*, Oxford University Press, 2007.
151 IPOA www.ipoaonline.org ; BAPSC - www.bapsc.org.uk

protection armée est incontestable, notamment dans les zones de conflits, et s'explique en partie par la complexité et la dangerosité de ces contextes. Toutefois, les frictions engendrées par la coexistence d'entités aux cultures et aux motivations opposées ne se résoudront pas uniquement par des postures idéologiques, mais aussi par une confrontation au réel et par la recherche d'un certain pragmatisme fondé sur des principes.

L'un des facteurs déterminants du développement des EMSP et de leur implication dans le champ humanitaire est l'insécurité croissante sur de nombreux terrains, mais aussi peut-être la judiciarisation progressive des sociétés occidentales, amenant les ONG à une responsabilité accrue quant aux moyens mis en œuvre pour garantir la sécurité de leur personnel.

Un autre facteur, pour faire face à ces nouveaux enjeux de sécurité, au-delà des compétences internes des organisations humanitaires, est d'ordre économique. En effet, depuis dix ans, l'implication du secteur commercial dans l'action humanitaire s'est considérablement développée, notamment sous la double influence de la responsabilité sociale des entreprises et de la recherche de nouveaux types de bailleurs par les acteurs humanitaires. Le bénéfice réel de ces partenariats trans-sectoriels reste pourtant encore à démontrer.

Très peu de travaux se sont attachés, jusqu'à présent, à évaluer objectivement le degré d'utilisation réelle des EMSP par les acteurs humanitaires (ONG comme agences onusiennes), au-delà des postures rhétoriques et de principe. Le premier élément de réflexion est l'absence de transparence des EMSP et la difficulté, pour les ONG désireuses de contracter avec elles, de connaître réellement leurs interlocuteurs. Une plus grande transparence des bailleurs de fonds et des agences des Nations Unies travaillant avec des EMSP semble également nécessaire. Cette clarification des relations doit permettre aux ONG qui le souhaitent de développer des stratégies proactives avec les EMSP, et non plus d'être dans une réactivité uniquement dictée par le contexte d'urgence. Les ONG doivent donc développer des outils d'intelligence et de compréhension sur la question des EMSP.

Le sujet des EMSP reste néanmoins extrêmement sensible dans la sphère humanitaire, opposant ceux qui pensent que leur utilisation présente un danger important pour l'indépendance et l'impartialité de l'action humanitaire, et ceux qui estiment qu'une utilisation a minima des EMSP ne constitue pas un problème en soi. L'étude récente de Stoddard et al.[152] a permis de poser un certain nombre d'éléments objectifs. En partant de la réalité opérationnelle, cette étude a mis en évidence des tendances sur l'utilisation actuelle des EMSP qui confirment la nécessaire prise de conscience et réflexion que devraient avoir les acteurs humanitaires sur ce phénomène.

Dans un environnement global de plus en plus volatile et non sécurisé pour les acteurs humanitaires, la recherche de solutions peut inclure l'utilisation des EMSP. Certaines ONG, comme *International Medical Corps*, n'hésitent même plus à être utilisées comme arme publicitaire par des entreprises de l'IPOA, telle *Agility*[153]. Néanmoins, la majorité des ONG contractualisant une protection le font en employant des gardes non armés, et ces contrats concernent essentiellement des EMSP locales.

L'utilisation d'EMSP internationales par des ONG ou certaines agences des Nations Unies portait sur des fonctions de sécurité non armées (formation du personnel à la sécurité, consulting et évaluation des risques). Par rapport aux ONG, les agences onusiennes ont recours dans une plus grande proportion à des services de protection armée (sous l'impulsion probable de l'UNDSS[154]), et dans une moindre mesure aux fonctions d'analyse et d'évaluation des risques. Un certain nombre d'organisations ont également recours à des « fournisseurs » de sécurité non commerciaux, tels que la police et l'armée du gouvernement hôte, des milices locales, voire des forces de maintien de la paix. Ces pratiques ont été essentiellement observées parmi les agences onusiennes et les grandes ONG internationales. La décision

[152] Stoddard A., Hamer A. et Didomenico V., « Private security contracting in humanitarian operations », *Humanitarian Policy Group - Policy Brief*, n° 33, janvier 2009.
[153] *Journal of International Peace Operations*. www.peaceops.com Jan-Fev 2008.
[154] UNDSS: United Nations Department of Safety and Security.

d'employer une EMSP paraît également liée la plupart du temps à une décision du terrain, plus qu'à une directive des sièges (aussi bien pour les ONG que pour l'ONU), même si cette tendance paraît prépondérante pour les ONG. En fait, peu d'ONG ont défini des stratégies et des réflexions d'amont sur cette problématique, laissant le contexte particulier de chaque situation guider la décision. Plus préoccupant, il semble que les bureaux de terrain n'informent que très partiellement (38 % des cas) leurs sièges de ce type de décisions, ce qui peut amener au sein d'une même ONG, à des discordances importantes entre le discours institutionnel d'une politique menée vis-à-vis des EMSP et la réalité opérationnelle.

En fait, s'il apparaît que l'élément déterminant dans l'utilisation des EMSP par les acteurs humanitaires reste la dangerosité du contexte dans lequel ils interviennent, cela ne suit aucun schéma prédéterminé. Plus de 60 % des incidents graves de sécurité se déroulent aujourd'hui dans un nombre restreint de pays : Somalie, Soudan du Sud, Soudan, Afghanistan, Pakistan, Irak, Syrie et République Démocratique du Congo (RDC). En Afghanistan, on peut noter une utilisation plus importante que la moyenne (64 % versus 35 % globalement) des EMSP internationales par les ONG, mais l'utilisation de forces de protection armée y reste très minoritaire, aux alentours de 18 %. Par contre, le Darfour et la Somalie sont des terrains où l'utilisation d'une protection armée est beaucoup plus importante, mais ces ressources restent essentiellement locales (forces de police ou militaires gouvernementales, milices locales, forces de maintien de la paix). De même, l'utilisation d'une protection armée par les humanitaires en Irak est beaucoup plus importante qu'en RDC. La pression des bailleurs ou des gouvernements locaux est également un facteur explicatif de cette hétérogénéité de situations. En Irak, les États-Unis ont imposé aux ONG (ou aux agences de l'ONU) bénéficiant de fonds de l'USAID d'avoir systématiquement recours aux EMSP pour leur protection. Dans des pays comme le Somaliland, le Pakistan, la Tchétchénie, voire le Kenya, ce sont les autorités qui ont obligé les acteurs humanitaires à avoir recours (ou plutôt employer, car les services ne sont pas gratuits), pour assurer la protection, la police ou à des militaires nationaux.

Les raisons principales avancées pour expliquer l'emploi accru des EMSP par les ONG sont donc une détérioration du contexte de la sécurité, un manque d'expertise interne et de capacité institutionnelle des ONG, un gain économique, et la pression des bailleurs et de l'opinion publique pour répondre, de façon appropriée, aux enjeux de sécurité.

Toutefois, si les acteurs humanitaires utilisent désormais des EMSP, cela induit de réels problèmes d'acceptation et de confusion vis-à-vis des populations qui restent, pour les humanitaires, « *le principal objectif à atteindre* » et non « *un moyen d'atteindre l'objectif* » (comme pour les militaires). En effet, la majorité des ONG pensent que non seulement l'utilisation d'une protection armée ne diminue pas le risque d'attaques, mais au contraire le renforce. Les effets négatifs sur la perception de ces mêmes ONG par les populations locales et les groupes armés, notamment dans une situation de conflit, représentent également un frein important à l'utilisation sans discernement d'une telle protection, considérée dans bon nombre de cas comme contre-productive. Quand cette protection s'avère indispensable, la plupart des ONG préfèrent qu'elle soit faite par les forces armées de l'État hôte, qui est *a priori* responsable de la sécurité des organisations travaillant dans ses frontières. Ainsi, à Khartoum comme dans le Sud-Soudan, les forces de la Police diplomatique et celles du SPLA-N assurent la protection des locaux de plusieurs agences de l'ONU. Des formes hybrides d'organisation, financées par les Nations Unies, comme par exemple l'Unité Spéciale de Protection dans le Puntland somalien, assurent également la sécurité des ONG et des agences onusiennes.

L'utilisation des EMSP par les acteurs humanitaires peut également avoir des conséquences sur leur dépendance vis-à-vis des EMSP, tandis que leur propre capacité à lire leur environnement diminue. Enfin, dans un monde d'interdépendance, la décision d'une ONG d'avoir recours à une EMSP avait un impact ou une incidence sur toutes celles qui n'ont pas fait ce choix, mais qui travaillent au même endroit. On voit donc la nécessité de développer une politique (et d'une réflexion) globale cohérente des acteurs humanitaires sur ce sujet, tant sur la clarification des pratiques que sur le plaidoyer pour une régulation effective des EMSP.

Le marché du maintien de la paix : véritable cible des sociétés militaires privées

Les EMSP s'inscrivent dans une volonté d'intégration de leurs actions à celles de l'action humanitaire (au moins en ce qui concerne actuellement la fourniture de « services de sécurité »[155]), mais leur objectif avoué est de devenir l'un des outils des missions de maintien et d'imposition de la paix. L'appellation du groupe de lobby des EMSP américaines, l'« *International Peace Operations Association* », est à cet égard très révélatrice. Le mouvement actuel donnant à l'OTAN une marge de manœuvre de plus en plus grande pour mener ce type d'interventions, pourrait, à terme, en devenir un élément facilitateur.

Le risque d'une privatisation extensive et lucrative du maintien de la paix se profile. Le lobbying intense mené par les EMSP américaines et britanniques sur la nécessité d'une intervention du secteur privé dans les environnements de conflits et post-conflits porte progressivement ses fruits, puisqu'un nombre croissant d'États, d'organisations internationales, mais aussi d'ONG humanitaires font appel à leurs services[156]. À l'échelle européenne, il n'existe aucun mécanisme satisfaisant de régulation de l'activité des EMSP, et notamment de l'« exportation » de services telle l'expertise militaire. L'obligation pour les EMSP de respecter le droit international humanitaire et les conditions légales nécessaires pour sanctionner d'éventuelles violations sont également deux sujets de préoccupation prioritaires, d'autant plus que même les responsables de la DG-RELEX[157] à Bruxelles reconnaissent « *qu'il est inévitable que l'Union européenne*

[155] Par exemple, utilisation d'EMSP pour transporter les soldats de la MINUAD au Darfour, de même pour la protection du personnel, d'entrepôts ou de convois de nourriture au Libéria comme en Sierra Leone.

[156] Spearin C., « Humanitarian NGO and international PSC: the "humanitarian" challenges of mouldering a marketplace », Geneva Centre for the democratic Control of Armed forces, *Policy Paper*, n° 16, 2007.

[157] DG-RELEX : Direction générale des relations extérieures de la Commission européenne.

continue[ra] à utiliser des EMSP dans le futur... car elles font partie de l'architecture permanente[158] ».

L'intense promotion d'un capitalisme néolibéral dans le domaine des opérations de la paix se fonde sur un travail d'analyse du rôle (et des insuffisances) des Nations Unies, qui pointe la très faible contribution réelle des pays occidentaux en termes d'effectifs des forces d'interposition et de maintien de la paix, hormis la FINUL au Liban[159]. L'IPOA s'interroge sur les motivations principales de certains pays – comme le Bangladesh par exemple –, sous-entendant qu'il pourrait s'agir d'un mercenariat d'État et que le rejet actuel des compagnies privées dans les opérations de maintien de la paix est lié à une « *aversion irrationnelle* », qui doit nous faire sentir coupables puisque « *le maintien de la paix en souffrira* »[160]. Néanmoins, il paraît important de souligner que ces mêmes compagnies privées considèrent que « *les pauvres* [vivant dans des zones de confits ou de post-conflits] *représentent un marché latent pour les biens et les services...* [et que]*...l'engagement actif des entreprises privées au bas de la pyramide est un élément critique pour créer un capitalisme inclusif...* »[161]. Les principes de l'action humanitaire, la « responsabilité de protéger » et le bénéfice des populations paraissent donc bien loin des préoccupations économiques de ces sociétés privées. Malgré toutes ces réserves, force est de constater que les EMSP font désormais partie de la logique globale du processus néolibéral de reconstruction des États. Néanmoins, leur utilisation dans le maintien de la paix pose des questions en termes de légitimité, de crédibilité et de responsabilité. Se pose également la question de la fiabilité. En effet, lorsque l'environnement devient très hostile et volatile, qui définit la limite de l'engagement

[158] Responsables de la DG-RELEX, décembre 2006, Conférence « Security and Defense Agenda », Bruxelles.

[159] À ce jour, la proportion d'occidentaux déployés sur l'ensemble des missions de maintien de la paix des NU est de 11 %. En effet, la FINUL compte plus de 60 % de personnel occidental sur les 12455 soldats présents, ce qui représente 85 % des troupes occidentales déployées dans des missions des NU.

[160] Messner J. J., *Journal of International Peace Operations*, www.peaceops.com, Jan-Fév. 2008.

[161] Prahalad CK., *Journal of International Peace Operations*. www.peaceops.com

contractuel ? Et que faire face à une EMSP qui rompt son contrat[162] ?

L'utilisation d'EMSP dans les opérations de maintien de la paix est une option déjà envisagée par certains États, comme le gouvernement britannique. En effet, le « Livre vert sur les sociétés militaires privées », publié en 2002, affirme que ces dernières pourraient présenter des avantages financiers[163], de souplesse et de réactivité dans le démarrage des interventions, mais aussi politiques quand les États ou les organisations interétatiques régionales / internationales ne veulent pas (ou ne peuvent pas) s'engager pour une résolution de conflit armé. De plus, les EMSP tendent à devenir les néo-experts de contextes complexes, comme l'a exprimé un dirigeant de l'entreprise Blackwater à propos des forces de l'Union africaine au Darfour : « *Envoyer 10 000 hommes de troupes des Nations Unies au Darfour ? Une perte colossale d'argent. On ne crée pas la sécurité et la paix en envoyant des gens encore plus médiocres et non impliqués. 1 000 à 2 000 contractants professionnels pourraient réaliser ces mêmes opérations de stabilité, permettant aux agences des Nations Unies et aux ONG de mener en sécurité leurs interventions en post-conflit* ».[164]

Le débat sur l'irruption des sociétés militaires privées dans le champ humanitaire semble enfin ouvert, mais il aura fallu une décennie, et les conflits en Irak et en Afghanistan, pour que les verrous qui empêchaient une discussion ouverte sur ce sujet sautent. La réalité de l'utilisation d'ESMP par les acteurs humanitaires est aujourd'hui incontestable, mais le cadre aussi bien juridique qu'opérationnel manque encore singulièrement de visibilité et de transparence. La nature même des EMSP y contribue fortement, tout comme l'absence de communication des ONG sur ce sujet. Pourtant, la crise financière mondiale participe

[162] Brayton Steven, « Outsourcing wars: mercenaries and the privatization of peacekeeping », *Journal of International Affairs*, vol. 55, n° 303, 2002.

[163] « Private military companies, response to the Secretary of State for Foreign and Commonwealth Affairs », 9th *Report of UK Foreign Affairs Committee*, paragraphe 56, 2002. Connu aussi sous le nom de *Livre Vert* ("*Green Paper*").

[164] Chris Taylor, *Blackwater*, 2005.

activement à la restriction des budgets militaires étatiques et va renforcer *de facto* le recours aux acteurs militaires privés, source potentielle d'économie budgétaire, mais aussi d'économie politique en diminuant d'autant les pertes de soldats gouvernementaux ou de l'OTAN. À l'échelle européenne, il n'existe pour l'instant aucun mécanisme satisfaisant de régulation pour l'activité des EMSP, même si l'initiative suisse ayant abouti à l'élaboration, en septembre 2008, du *Document de Montreux*[165] apporte une première pierre significative à cet édifice en construction. Il s'agit, en effet, du premier référentiel sur « *les obligations juridiques pertinentes et les bonnes pratiques pour les États en ce qui concerne les opérations pour les entreprises militaires et de sécurité privées pendant les conflits armés*[166]».

Un pragmatisme opérationnel est bien entendu nécessaire, mais il doit rester fondé sur les principes de l'action humanitaire. Une lecture plus sociologique montre que l'extension des EMSP provoque aussi une « altération » des pratiques de sécurité (des États comme des acteurs de terrain). Cette perspective de modification de comportements et de normes, théorisée par Michel Foucault sous le terme de *gouvernementalité néolibérale*, a été illustrée par la présence au Darfour d'EMSP comme *DynCorp*, *Pacific Architects and Engineers* (PAE) et *Medical Support Solutions*. La société civile, dont sont issues les ONG, a donc aussi un devoir réel de vigilance sur l'essor de la privatisation de la sécurité.

[165] https://www.icrc.org/fre/assets/files/other/icrc_001_0996.pdf
[166] Ibid.

Chapitre 3
Les acteurs du déclin
Des responsabilités occidentales

« Celui qui tue
C'est peut-être moi-
Vol de lucioles ! »

Maeda Fura

Des États en perte de repères

Si la responsabilité des acteurs de la solidarité dans les dilemmes et confusions contemporaines de l'action humanitaire est réelle, celle des États occidentaux mérite également d'être soulignée. La place des États aujourd'hui s'est modifiée mais elle reste centrale, et ces derniers restent des interlocuteurs privilégiés et indispensables. La tentative d'instrumentaliser l'aide humanitaire par les États est grande et a déjà été évoquée. Certaines situations récentes montrent toutefois que les États ne réagissent pas toujours de façon adaptée face à des situations qui impliquent des populations vulnérables et stigmatisées, dont les humanitaires doivent s'occuper par absence d'autres recours possibles. Dans certains cas extrêmes, l'action des États pourrait même induire une éviction, voire une criminalisation, de l'action humanitaire.

Partie intégrante, voire fondatrice, de l'humanitaire moderne, la médecine humanitaire a pendant longtemps été pensée et perçue comme une médecine tropicale, avec un relent néocolonialiste souvent critiqué[167]. A l'inverse, la médecine pratiquée dans nos pays occidentaux, et particulièrement en France, a toujours

---

[167] B. Hours, *L'idéologie humanitaire ou le spectacle de l'altérité perdue*, Éditions L'Harmattan, Paris, 1998.

bénéficié d'une image d'excellence et de technicité, particulièrement dans le système public. Pourtant, inexorablement, ces frontières tendent à s'estomper, car la médecine elle aussi subit des transformations imposées par les dérives de la mondialisation.

La médecine humanitaire se pratique aujourd'hui « ici et là-bas », et peut-être demain plus « ici » que « là-bas ». En France, plus de 8 millions de personnes vivent en dessous du seuil de pauvreté. Tandis qu'en Espagne ou en Grèce, la crise de la dette en Europe a structurellement fragilisé les systèmes de santé. Ainsi, les activités de MDM auprès des populations Roms en France s'apparentent, tant sur les besoins identifiés que sur les modalités logistiques à déployer, à celles utilisées dans les camps de déplacés et de réfugiés, en Côte-d'Ivoire, en République Démocratique du Congo ou en Haïti. Et pourtant, l'attitude des autorités dans les pays européens à l'égard de ces différentes populations en situation de précarité (voire de danger) est bien celle du « deux poids, deux mesures ». Penser que la distance abolit les problèmes témoigne d'une incapacité à appréhender la réalité contemporaine, celle d'une interdépendance et de flux permanents que n'arrêtent ni les expulsions par charters, ni les patrouilles coûteuses de FRONTEX, ni les discours politiques démagogiques et sécuritaires.

Dans un monde globalisé, segmenter les problématiques de l'« ici » et du « là-bas » n'a donc plus de sens, et les traiter simultanément relève de la responsabilité des ONG, comme de celle des pouvoirs publics. La capacité comme la qualité du dialogue engagé entre États et ONG deviennent alors fondamentales, car les questions humanitaires viennent souvent croiser celles plus polémiques du respect des droits humains.

Vers une éviction de l'action humanitaire dans les conflits armés ?

Début octobre 2015, les patients et les équipes médicales MSF de l'hôpital de Kunduz, en Afghanistan, ont été victimes de bombardements américains qui ont fait 30 morts[168]. Trois semaines plus tard, plusieurs structures de santé gérées par MSF au Yémen (dont le dernier le 15 août 2016), ont été la cible de bombardements de la coalition arabe – alliée des occidentaux – et emmenée par l'Arabie saoudite. Les mêmes événements se sont déroulés en Syrie (attaque d'un convoi du Croissant rouge le 19 septembre 2016).

Bien que l'Afghanistan soit sorti des radars médiatiques et politiques, la guerre n'y a pas cessé pour autant et les combats entre les forces de l'armée afghane et les Talibans se poursuivent. Le relai inefficace de cette armée afghane, au moment même où les pays de la coalition occidentale, et notamment les Américains, se désengagent, a été la principale cause de la chute de la ville de Kunduz, reprise par les Talibans. Dans cette ville stratégique qui compte environ 300 000 personnes (en incluant les bourgades alentours), l'hôpital de Kunduz tenu par MSF représentait la seule structure de soins permettant de prendre en charge tous les patients potentiels, qu'ils soient civils ou combattants. Pour des mesures évidentes de sécurité, MSF avait fourni aux militaires américains et afghans les données de géolocalisation de cet hôpital, informations qui ont été à nouveau transmises à ces autorités lors du bombardement… Malgré ces précautions, et peut-être à cause de l'impartialité et de la neutralité farouchement affichées par MSF pour soigner sans distinction tous ceux qui en avaient besoin, cet hôpital a été détruit. Ces événements soulèvent de vraies interrogations sur les responsabilités et les motivations de ces attaques. Toutefois, un regard en arrière permet de comprendre que ces drames ne sont en rien des éléments isolés, survenant dans une sorte de fatalité ou de maladresse guerrière. Ils sont au contraire l'aboutissement d'une logique et d'un discours politique occidental, apparu depuis le 11 septembre 2001, et qui tente de déplacer le rôle des ONG sur ces zones de conflits armés.

---

[168] François Audet et moi-même avons co-signé une tribune parue le 12 novembre 2015 sur ce sujet dans le *Huffington Post Québec* http://quebec.huffingtonpost.ca/francois-audet/attaque-bombardement-hopital-medecin-sans-frontieres_b_8521970.html, qui a inspiré le texte ci-dessus.

Parallèlement aux actions militaires, le discours politique de Colin Powell, alors Secrétaire d'État américain, deviendra plus explicite, assumant que les organisations humanitaires non gouvernementales américaines doivent devenir des « *multiplicateurs de force*[169] » de la politique étrangère de leur pays. En un mot, collaborer par patriotisme. Cela se traduira par le fait que toutes les ONG souhaitant recevoir des financements de l'USAID, l'agence de coopération américaine, doivent signer un contrat dans lequel elles affirment leur loyauté à la politique étrangère des États-Unis. Le deuxième palier significatif atteint dans le non-respect des principes de l'action humanitaire sera les conditions dans lesquelles une campagne de vaccination fictive sera menée en avril 2011 au Pakistan, afin d'obtenir des renseignements pour localiser et éliminer Oussama Ben Laden. Le détail de cette action et de ses actuelles conséquences sanitaires désastreuses pour les populations civiles est décrit par ailleurs dans cet ouvrage[170]. Dans ces zones grises, complexes et mouvantes à la fois, les ONG se retrouvent en permanence sur une ligne de crête opérationnelle extrêmement étroite, qui peut être facilement rompue par ce type d'initiatives gouvernementales inappropriées. Toutes ces décisions, du discours de Colin Powell au bombardement de Kunduz, témoignent que l'éthique de conviction et les fausses promesses d'une victoire tactique ont pris le pas sur l'éthique de responsabilité et la recherche – souvent plus ardue – d'une victoire stratégique.

Le ciblage répété de centres de santé en zones de conflits armés, inacceptable moralement et juridiquement, invite à s'interroger sur la rationalité militaro-politique des motivations et des décisions sous-jacentes de leurs commanditaires. Veut-on signifier aux ONG qu'elles sont, sur ces contextes complexes, indésirables et vulnérables, surtout si leurs objectifs et leurs

---

[169] C. Powell. *Discours devant les représentants des ONG américaines*. Université de Droit de Yale, 26 octobre 2011 http://avalon.law.yale.edu/sept11/powell_brief31.asp

[170] *C.f.* « Les stratégies terroristes face aux racines du mal » dans le chapitre « Géopolitique du néolibéralisme : sécurité, lutte contre le terrorisme et privatisation du militaire ».

principes ne s'accordent pas à ceux des protagonistes armés, mêmes occidentaux ?

L'ADN des ONG est leur caractère non gouvernemental. Leur nature est régie par des principes forts – notamment ceux d'humanité, d'impartialité et d'indépendance –, qui s'accordent parfois mal avec la raison d'État et les calculs diplomatico-militaires de nos gouvernements, particulièrement lorsqu'ils s'engagent dans des logiques de guerre.

Les multiples fonctions des ONG sont avant tout d'accéder à des populations civiles vulnérables et d'assurer un accès aux droits humains fondamentaux, à savoir des soins, de la nourriture, de l'eau et des abris, tout en respectant un cadre éthique et en veillant à la protection de ces populations. Ce rôle est unique et il répond justement à une obligation que les États ne veulent ou ne peuvent pas assumer. Lors des conflits armés, les ONG doivent aussi faire preuve de neutralité opérationnelle, afin d'accéder aux populations, mais aussi d'assurer leur sécurité par des stratégies d'acceptation locale. Au-delà de leur nature et de leurs fonctions, les travailleurs humanitaires, dont la majorité est généralement issue du pays concerné, sont aussi les témoins directs des conséquences réelles de guerres qui n'ont rien de « chirurgicales, propres ou humanitaires ».

La répétition et la gravité de ces faits visant des ONG et/ou des centres de soins, de la part de gouvernements occidentaux ou de coalitions alliées, constituent des actes inacceptables. Le glas de la légitimité des ONG à intervenir dans des zones de conflits, au bénéfice de civils qui en sont les premières victimes, est peut-être en train de sonner. Cela pourrait être évité par la mise en place d'une enquête internationale indépendante ayant pour mission de déterminer les responsabilités politiques et militaires, qui ont amené à ces tragédies, en remontant la chaîne de commandement.

Que se passera-t-il si les ONG ne pouvaient plus être présentes dans les zones de conflits armés ? Les gouvernements, les parties au conflit - étatiques ou non -, les agences des Nations Unies, seraient-elles en capacité et en volonté (voire en compétence) d'assumer leur éviction ? Assurément non ! La neutralité opérationnelle, l'impartialité et l'indépendance que les ONG essayent de conserver pour mener leurs actions n'ont pas pour objectif de maintenir un illusoire espace humanitaire. Elles le font car elles sont souvent le dernier recours, assurant un minimum d'accès aux droits humains fondamentaux au bénéfice de populations civiles. L'absence des organisations humanitaires ne sera pas remplaçable, car leur caractère non gouvernemental et non lucratif leur donne une légitimité réelle et unique sur ces terrains. Se poser la question est pourtant nécessaire, car cela survient dans un contexte général où l'action non gouvernementale a perdu énormément de poids – médiatique comme politique – depuis une décennie. Dans un environnement globalisé et transnational, il est paradoxal de constater que la puissance des États-Nations n'a pas faibli face aux initiatives de gouvernance mondiale. Les États occidentaux et la Russie ont ainsi su habilement – et parfois abruptement – instrumentaliser, voire neutraliser, la présence des ONG sur les théâtres de guerre ou de répression dans lesquels ils intervenaient. L'Afghanistan, l'Irak, le Mali, la Tchétchénie, et plus récemment la Syrie, en sont des exemples significatifs…

Le Comité International de la Croix-Rouge (CICR), garant du DIH, et de très nombreuses ONG ont déjà fermement condamné les attaques sur les hôpitaux ou dispensaires et demandé que des procédures *ad hoc* puissent être engagées contre leurs auteurs. Les responsables politiques aux États-Unis, au Canada et de l'Union européenne doivent faire de même.

Guantanamo : l'éthique médicale mise au pas

Avec la mort de Ben Laden, tué en avril 2011 par les forces spéciales américaines au Pakistan, l'organisation Al-Qaida a subi un revers important et la lutte anti-terroriste a remporté une indéniable victoire symbolique. Les moyens de cette lutte ont pourtant été à l'origine de nombreuses polémiques sur l'éthique, la plus violente d'entre elles concernant les violations répétées aux droits humains perpétrées dans la prison de Guantanamo.

Parler d'éthique renvoie à des valeurs morales et des normes de comportement que l'on estime universelles, et que la réalité tend toujours à relativiser. L'éthique médicale n'échappe pas à cette règle.

Un récent article[171] a permis de documenter la passivité (voire la complicité) des autorités médicales militaires américaines face aux maltraitances physiques et psychologiques subies par les prisonniers de la fameuse base de Guantanamo (privations de sommeil, d'eau et/ou de nourriture, positions forcées dégradantes, tabassages, menaces avec des chiens, agressions sexuelles, simulations d'exécution…).

Les conséquences sanitaires de ces violences physiques et psychologiques, subies sur une période moyenne de 7 ans, n'ont jamais amené les médecins à investiguer et faire cesser les causes de ces violences. Au contraire, il semble même que les « pauses » médicales aient été l'occasion de rassembler des informations intimes et personnelles, utilisées *a posteriori* pour briser la résistance psychologique de ces « patients-prisonniers ». Ainsi, alors qu'aucun détenu n'était connu pour des problèmes psychologiques antérieurs, 90 % d'entre eux souffrent actuellement de stress post-traumatique, de dépression ou de psychose. Pour preuve, un médecin a expliqué à un patient qu'il « *devait se détendre quand les gardes devenaient plus agressifs* »…

Au prétexte d'une meilleure efficacité dans la lutte anti-terroriste, cette fonction médicale est passée du soin et du respect de l'intégrité de la personne à celle d'auxiliaire de renseignement et de support d'interrogatoire pour des « terroristes présumés » emprisonnés dans un univers carcéral extra-judiciaire. Le statut militaire des médecins de Guantanamo les exonéraient-t-ils d'une adhésion aux normes éthiques de leur profession ? Assurément non, car ces normes constituent un socle de légitimité et de

---

[171] IacopinoV., Xenakis S. N., « Neglect of Medical Evidence of Torture in Guantánamo Bay: A Case Series », PLoS Med 8(4), 2011.
http://www.plosmedicine.org/article/info%3Adoi%2F10.1371%2Fjournal.pmed.1001027

crédibilité indiscutable de la profession, non lié au caractère civil ou militaire.

Tous les médecins prêtent le serment d'Hippocrate, qui pose le cadre inaltérable de privilégier la relation entre un patient et son médecin, dans lequel ce dernier s'engage à ne pas nuire. *Primum non nocere*. La Déclaration de Genève de l'Association Médicale Mondiale engage d'autre part les médecins en ces termes : « *La santé de mon patient prévaudra contre toute autre considération* » et le Code International d'Éthique Médicale déclare qu' : « *un médecin doit agir dans le meilleur intérêt du patient lorsqu'il le soigne* ».

La « guerre globale contre la terreur » initiée par G. W. Bush, dont la prison de Guantanamo reste l'un des plus tristes symboles, montre, au-delà de ses effets contre-productifs sur le terrorisme djihadiste, ses effets pervers sur les pratiques médicales employées dans les lieux de détentions secrètes, y compris en Europe[172]. Cette altération des principes et des pratiques, où la fin est censée justifier tous les moyens, atteste que l'instrumentalisation de la santé à des fins politiques porte en elle sa propre perversion.

Il ne s'agit donc pas de juger tout un corps de métier (en l'occurrence, les médecins militaires) ou un pays (ici, les États-Unis d'Amérique), car l'Histoire montre bien que ce type de jours sombres n'a épargné que peu de nations. Il s'agit plutôt de peser les responsabilités d'un discours politique qui a justifié la mise en place d'un système où la médecine et ses acteurs ont dévié de leur rôle, pour devenir supplétifs d'actions en rupture avec l'éthique médicale.

Les pratiques médicales dénoncées dans l'article de Iacopino et al. doivent nous conduire vers une vraie réflexion sur ces enjeux, où l'intérêt médical et l'intérêt d'État créent une porosité des rôles

---

[172] Allégations de détentions secrètes dans des États membres du Conseil de l'Europe (2006)j Dick Marty.
http://assembly.coe.int/Mainf.asp?link=/CommitteeDocs/2006/20060124_Jdoc03 2006_F.htm

et une confusion du réel. En effet, Guantanamo n'est que l'image caricaturale d'autres lieux et d'autres politiques qui n'ont pas ses excès, mais qui en ont l'esprit.

Les médecins et tous les acteurs de soin, de par leur serment et les codes qui régissent leur profession, doivent conserver une vigilance et une réactivité suffisantes pour ne pas tomber dans le piège d'une médecine instrumentalisée. Cela reviendrait à mettre en péril non seulement le cadre éthique, et *de facto* opérationnel, de leur engagement professionnel, mais aussi les liens d'humanité et de confiance censés lier tout médecin à ses patients.

Les relations entre États et ONG: de l'immaturité à l'ambiguïté

Il est impossible de parler des relations entre États et ONG de façon générale, car celles-ci sont dictées par de multiples facteurs et dépendent surtout de la capacité réelle de dialogue entre les acteurs impliqués. Il y a des facteurs d'ordre culturel et sociologique, dont la densité est construite par la force des liens que la société civile d'un pays et son État ont su nouer – ou non – au cours de leur histoire. Analyser le rapport du gouvernement nord-américain à ses ONG en occultant ces facteurs ne peut qu'amener à des conclusions erronées sur la nature même de l'indépendance que prônent ces dernières. Il en est de même pour les ONG françaises, norvégiennes, suédoises ou canadiennes. Pour simplifier le propos, seules les relations entre l'État français et « ses » ONG seront abordées, tout en soulignant le fait que le terme « ONG humanitaire française » est très relatif, les ONG les plus importantes en France étant, pour la plupart, transnationales.

Après la mort brutale des deux jeunes français enlevés par AQMI le 8 janvier 2011, un collectif rassemblant les plus grosses ONG humanitaires françaises s'est adressé au Premier ministre de l'époque, François Fillon, ainsi qu'aux ministres des Affaires étrangères et de la Défense. Il y exprimait ses inquiétudes sur la dégradation de la situation sécuritaire au Sahel, mais aussi sur les options opérationnelles choisies par le gouvernement français pour essayer de récupérer les otages – action militaire sans négociation préalable – et leurs conséquences sur la sécurité des personnels humanitaires. Le choix fait par le gouvernement français de réagir avec rapidité et force en réponse à la prise d'otage de Niamey a en effet constitué une source d'inquiétude pour les ONG, tant en raison du risque pris pour les otages que pour le danger d'une assimilation supplémentaire entre gouvernement français et organisations non gouvernementales.

L'interrogation des ONG françaises sur leur « *relation à l'État français* », et notamment sur leurs capacités à garder une indépendance politique et opérationnelle, est parfaitement légitime. Le questionnement du pouvoir sur la responsabilité du devoir d'assistance, qui ne peut être subordonné aux intérêts politiques, militaires et stratégiques, notamment dans un contexte de conflit armé ou de crise complexe, est également primordial pour au moins deux raisons. Premièrement, il s'agit de confirmer l'autonomie du droit d'initiative humanitaire dont disposent aujourd'hui les ONG pour porter secours à des populations et leur garantir un accès aux besoins élémentaires que sont la santé, l'eau ou la nourriture.

Si la réaction des ONG françaises aux événements tragiques du Sahel a constitué une réponse logique et légitime, était-elle pour autant crédible ? Il ne s'agit pas de faire polémique sur les motivations profondes de cette interpellation (l'enlèvement et l'assassinat de ces deux jeunes français), mais plutôt de mettre en lumière certains paradoxes du discours des ONG qui fragilisent leur démarche.

Le premier paradoxe est celui de l'indépendance politique et opérationnelle, revendiquée à juste titre par les ONG, mais qui fait totalement l'impasse sur les enjeux de l'indépendance financière. Les ONG humanitaires françaises ne peuvent pas, aujourd'hui, faire l'économie de ce débat et doivent donc, avec lucidité, évaluer le degré d'interdépendance qui les lie à leurs différents bailleurs, qu'ils soient français, européens ou autres. La question de la diversification financière des bailleurs ainsi que celle des modes de régulation entre bailleurs et acteurs opérationnels deviennent aujourd'hui d'autant plus critiques, au vu des restructurations actuelles de l'aide humanitaire européenne et de l'état des finances publiques des États européens. Cette question centrale a d'ailleurs été partiellement débattue dans le chapitre II.

Le second paradoxe est celui de l'utilisation par les ONG humanitaires de la terminologie de « *guerre contre le terrorisme* », non pour la dénoncer mais pour expliquer qu'elle s'étend au Sahel. Or, cette terminologie « bushienne » n'avait pas été utilisée au préalable par le gouvernement français. En effet, parler de « *guerre contre le terrorisme* » au Sahel est justement l'élément de légitimation[173] attendu par AQMI, le posant comme adversaire militaire reconnu par l'État français. Son utilisation par des acteurs humanitaires semble donc plutôt contre-productive et aurait nécessité, en tout cas, plus de recul et de précision. Il est à noter en autre le discours que le président français Hollande a prononcé au lendemain des attentats de Paris du 13 novembre 2015 reprenait cette terminologie guerrière en désignant Daech comme notre ennemi et en décrétant simultanément l'état d'urgence…

Enfin, le troisième paradoxe provient de la posture que l'on peut percevoir comme « réactive » (et de l'absence d'indications sur une attitude proactive) des ONG dans la réflexion sur la gestion des relations entre organisations humanitaires et pouvoir politique. Pourtant, les ONG, sous la houlette de leur consortium européen – VOICE –, comme les États européens et ECHO[174], ont déjà travaillé sur ces questions. Le résultat final est un document signé par les 27 États Membres de l'Union européenne et approuvé par le Parlement européen en décembre 2007 : le « Consensus Européen sur l'Aide Humanitaire[175] ». Celui-ci répond à de nombreuses questions posées par les ONG au gouvernement français. Encore s'agit-il de savoir que ce Consensus Européen sur l'Aide Humanitaire existe et de le promouvoir à bon escient. La plate-forme non gouvernementale VOICE regroupe quant à elle 86 ONG

---

[173] J.-F. Daguzan. « Al-Qaida au Maghreb islamique: une menace stratégique? », Fondation pour la recherche stratégique, 30 juillet 2010.
http://www.frstrategie.org/barreFRS/publications/dossiers/aqmi/doc/aqmi.pdf
[174] ECHO : Office d'Aide Humanitaire de la Commission Européenne.
[175] « *European Humanitarian Consensus* »
http://ec.europa.eu/echo/files/media/publications/consensus_fr.pdf

européennes qui ont validé un cadre de principes et de bonnes pratiques en matière de relations entre militaires / pouvoir politique et humanitaires[176]. Les outils existent donc, mais sans une volonté politique forte des ONG concernées pour les utiliser, ils resteront inefficaces en tant qu'instruments de plaidoyer.

Ce « décryptage » a pour objectif de souligner la gravité et la portée des enjeux en discussion, et non de susciter la polémique, car ces enjeux sont importants. Importants pour les ONG humanitaires qui s'efforcent de porter secours aux populations vulnérables, mais dont les *modus operandi* vont devoir s'adapter aux nouveaux défis de sécurité, en développant notamment les partenariats locaux. Importants pour l'État français, qui a la responsabilité de ses concitoyens se trouvant à l'étranger et *a fortiori* dans des zones instables, mais qui doit rester dans son périmètre et ne pas être tenté d'instrumentaliser l'aide humanitaire, même s'il en finance une partie. Importants, enfin, pour les citoyens que nous sommes. C'est notre devoir de vouloir préserver un modèle de société où l'État conserve ses pouvoirs régaliens mais peut se faire interpeller par ses citoyens, et surtout dans lequel les droits d'initiatives – humanitaire comme journalistique – peuvent être respectés, même sur les terrains dangereux.

L'enjeu consiste à redéfinir des modalités de dialogue équilibré avec l'État et les bailleurs, dans un respect mutuel des rôles et des responsabilités. En effet, l'instrumentalisation – sémantique comme opérationnelle – de l'humanitaire à des fins politiques est devenue un enjeu de controverses permanentes entre les ONG humanitaires et l'État français, qu'il soit seul ou intégré à des organisations comme l'UE ou l'OTAN. S'il paraît naturel que l'État agisse selon des motivations politiques dans certaines crises, alors il doit l'assumer comme tel, et non plus se retrancher derrière un « alibi humanitaire » dont plus personne en France – bien au-delà du cercle des ONG – n'est dupe. Il arrive toutefois que les objectifs politiques d'un gouvernement coïncident avec les

---

176 http://www.ngovoice.org/documents/CIV%20MIL%20POLICY%20DOCUMENT%20_% 20FINAL.pdf

objectifs humanitaires des ONG, et l'on se retrouve devant une convergence d'intérêts qu'il serait dommage de négliger. Lorsque ce n'est pas le cas, les ONG doivent pouvoir marquer leur différence d'appréciation et le dire aux autorités françaises pour qu'une inflexion s'opère, sans rompre le dialogue pour autant.

L'autre enjeu majeur est celui de la contribution financière de l'État français aux situations d'urgences et de post-crise. L'indépendance financière complète n'étant une réalité que pour un nombre très restreint d'ONG, une discussion de fond sur les montants et les modalités d'attribution des financements disponibles pour ces terrains humanitaires complexes s'avère nécessaire. Cela devrait également permettre à l'État français – en lien avec l'Agence française de développement (AFD) – d'avancer une « stratégie de politique humanitaire » avec une déclinaison pluriannuelle.

La mise en place de structures formalisées d'échanges entre les acteurs est aussi l'occasion pour les ONG de montrer que la nature des relations à instaurer et à poursuivre avec les pouvoirs publics ne peut s'inscrire sur une feuille vierge. Pour les humanitaires, comme pour les pouvoirs publics et les bailleurs, il s'agit avant tout d'un test de maturité. Maturité des ONG permettant la tenue d'un dialogue qui accepte la contradiction et cherche à éviter la rupture. Maturité des pouvoirs publics, et notamment de l'État, pour un respect effectif de l'indépendance politique et opérationnelle des ONG. Maturité des bailleurs, partenaires essentiels, mais qui doivent s'émanciper de la formule consacrée « *qui paye, décide* ».

Il s'agit de redéfinir le cadre des interactions entre des entités plurielles aux objectifs et aux statuts multiples, conscientes de leurs différences, mais refusant l'indifférence et l'instrumentalisation. Bien qu'intéressant, le « partenariat » ne constitue pas la seule modalité envisageable entre tous ces acteurs et ne doit pas devenir un outil de rhétorique qui masquerait un dialogue déséquilibré.

Dans l'hypothèse où cette « saine distance » entre les acteurs humanitaires et les pouvoirs publics / bailleurs serait trouvée, cela suffira-t-il à régler les enjeux structurels forts qui traversent aujourd'hui le champ humanitaire ? Probablement pas, car l'échelle appropriée est désormais au moins européenne et la crise financière (et politique) qui agite les 28 pays de l'UE et la Commission Européenne n'incite pas à l'optimisme. La récente polémique sur la réduction significative du Fonds d'Aide Alimentaire Européen, poussée par l'Allemagne et d'autres pays, en dit long sur la question de la solidarité européenne et sur ses moyens. Outre le fait que cette réduction de l'aide alimentaire risque d'entraîner des centaines de milliers de personnes vivant en Europe dans une situation socio-sanitaire toujours plus préoccupante, elle est vraisemblablement les prémices de réorganisations à venir pour d'autres organismes européens, acteurs et bailleurs importants de la solidarité internationale.

Les ONG humanitaires françaises ont donc le devoir, de par leur mandat et leur appartenance à la société civile, de maintenir une exigence et une vigilance sur la façon dont l'État français, mais aussi les institutions européennes, se positionnent sur les questions de solidarité – et non plus seulement sur la gestion des crises.

ONG humanitaires occidentales : dilemmes, confusions et modernité

L'extrême hétérogénéité des acteurs humanitaires suscite parfois un regard extérieur empreint d'interrogations et de méfiance. Leur manque de cohérence globale, dans les actions ou les prises de position, est perçu souvent comme un manque de maturité et un frein à une réelle efficacité. La complexité du monde actuel et sa géopolitique néolibérale ont pu contribuer à fragiliser l'image des ONG, mais aussi leur capacité d'engagement sur un certain nombre de terrains, qu'ils soient physiques ou plus symboliques. Néanmoins, les humanitaires ont aussi participé à la dégradation de cette image, en ne prenant pas suffisamment en compte des sujets majeurs et en croyant, peut-être un peu naïvement, qu'il suffisait de bien faire pour être bien perçu. Les exemples développés dans ce chapitre illustrent quelques-uns des dilemmes et confusions qui en ont résulté. Les acteurs humanitaires occidentaux ont également adopté les attributs de la modernité, comme la segmentation du travail, l'usage massif des NTIC et maintenant des drones. Nous verrons enfin comment l'atténuation voire l'abolition de la notion d'espace au profit du temps – et l'accélération qui en a résulté – a singulièrement modifié leur identité (réelle comme perçue), leurs organisations et leurs pratiques.

ONG humanitaires et approches intégrées : la « saine distance » nécessaire

Les contextes dans lesquels évoluent les acteurs humanitaires européens se sont profondément modifiés ces dernières années, notamment avec l'augmentation des terrains d'urgences complexes et de catastrophes, que ces dernières soient naturelles ou induites par l'homme. Ces acteurs sont confrontés de multiples façons aux militaires (et à leurs donneurs d'ordre politiques), que ces derniers appartiennent à des opérations de maintien ou d'imposition de la paix onusiennes, à des forces armées étatiques – y compris européennes, à des groupes armés non-étatiques ou qu'ils travaillent pour des sociétés militaires privées, dont plusieurs sont basées en Europe. Les relations civilo-militaires constituent aujourd'hui une problématique d'importance pour les ONG européennes, aussi bien en termes de positionnement politique que de gestion opérationnelle. Il semble pourtant que les ONG aient, pour l'instant, plutôt manqué de cohérence et de lien auprès des différentes instances de l'Union européenne (UE) pour mener un travail de plaidoyer efficace contre les velléités humanitaires des militaires et de leurs responsables politiques. Depuis 2003, le collectif de 86 ONG européennes VOICE est pourtant présent sur cette problématique. Il a abouti récemment à un positionnement clarifié, politique et opérationnel, qui vient notamment rappeler la nécessité de l'indépendance et de la nature civile de l'action humanitaire.

La position paradoxale de l'Union européenne

Depuis la fin des années 1990, les actions civilo-militaires (ACM) sont devenues l'une des fonctions majeures des opérations extérieures menées par les armées occidentales[177], notamment en Europe. La doctrine ACM française a été révisée en 2005, puis en 2012, et emploie désormais la terminologie anglo-saxonne de « CIMIC » (*Civil-Military Cooperation*), utilisée également dans le cadre de l'Union européenne et de l'OTAN. Cette nouvelle expression se réfère notamment à plusieurs textes de référence (« lignes directrices d'Oslo » de mai 1994, guide ONU/UE sur l'utilisation des moyens militaires et de défense civile en soutien des activités humanitaires des Nations Unies dans le cas d'urgence complexe publié en mars 2003) et, bien sûr, au concept de sortie de crise, auquel elle est étroitement liée.

La nouvelle doctrine de coopération civilo-militaire française est définie, par exemple, comme « *la fonction opérationnelle destinée à améliorer l'intégration de la force dans son environnement humain, afin de faciliter l'accomplissement de sa mission, [...] Le soutien apporté aux acteurs civils ne doit jamais compromettre l'accomplissement de la mission* »[178].

La plupart des *policy strategies* et des *guidelines* des ONG se concentrent sur les forces de maintien de la paix, bien que dans certains contextes les forces internationales soient devenues des forces d'imposition de la paix, voire des parties engagées au conflit (Irak, Afghanistan). L'OTAN a d'autre part majoré son rôle dans la réponse aux catastrophes naturelles et même si les ONG reconnaissent l'importance de cette réponse en cas de « dernier recours », l'intérêt de l'OTAN est aussi de promouvoir ces opérations conçues pour « gagner les cœurs et les esprits », dans le cadre de sa nouvelle doctrine de « *Comprehensive Approach* ». Toutefois, les critères développés par l'OTAN pour justifier la coopération avec les ONG, à savoir cohérence, efficacité, efficience et subsidiarité, sont assez différents des principes humanitaires défendus par ces mêmes ONG[179].

---

[177] S. Makki, L'Europe à l'épreuve de la doctrine américaine de l'intégration, *Humanitaire*, n° 19. juillet 2008.

[178] Document n°262/DEF/EMA/EMP.1/NP du 3 mars 2005, intitulé « Concept et doctrine Interarmées de la coopération civilo-militaire PIA 09.100 ».

[179] Rapport de Laure Borgomano-Loup, Collège de Défense de l'OTAN, mars 2007 ; lire également de Laure Borgomano-Loup l'article tiré de ce rapport :

En opération extérieure, les forces armées estiment que leur action est complémentaire de celle des humanitaires. Mais il existe une forte méconnaissance des cultures réciproques entre humanitaires et militaires. Pour les organisations humanitaires présentes sur le terrain, les militaires doivent mieux prendre en compte et respecter les mandats et modes d'intervention des ONG.

Depuis le tsunami en 2004, l'Union européenne a développé d'importants efforts dans la réponse aux crises, en impliquant notamment le déploiement de la protection civile et en renforçant les capacités militaires d'intervention sur les terrains de crises, multipliant ainsi les occasions de côtoyer les acteurs humanitaires. La relation « CIVMIL » est donc devenue une priorité, notamment pour le commissaire européen aux Affaires humanitaires de l'époque, Louis Michel, qui a initié en juin 2007 une commission dédiée à la réflexion sur les problématiques humanitaires, notamment sur les relations entre militaires et humanitaires.

Les *guidelines* d'Oslo[180] (catastrophes naturelles) et du MCDA[181] (*Military and Civil Defense Assets*) ont été rédigées pour clarifier l'engagement des militaires lors des contextes d'urgence. Le déploiement de la force militaire européenne au Tchad (EUFOR) a montré toutefois que les militaires étaient désormais associés à des activités traditionnellement humanitaires et civiles, comme la gestion de l'eau et de l'assainissement. De l'autre côté, pendant la crise Ebola, c'est MSF qui, pour la première fois, a demandé l'engagement des militaires !

Les actions civilo-militaires prônées par de nombreux pays occidentaux ne sont là que pour « *créer un environnement favorable à la force* »[182]. En Irak et en Afghanistan, la mise en

« L'OTAN et les ONG, histoire d'amour ou mariage de raison ? », *Humanitaire*, n° 17, été 2007.

[180] « Guidelines on the use of military and civil defence assets in disaster relief » (Oslo Guidelines), mai 1994 (mise à jour en novembre 2006).

[181] « UN Guidelines on the use of Military and Civil Defence Assets to support United Nations Humanitarian activities in Complex Emergencies » (MCDA Guidelines), mars 2003.

[182] Entretien de l'auteur en 2009 avec un haut gradé de l'armée française.

œuvre des équipes de reconstruction provinciales (PRTs)[183] par les forces de l'OTAN (mais aussi par les forces militaires du Canada et de l'Allemagne, par exemple) a souvent empêché les populations locales, comme les groupes armés locaux, de faire la différence entre l'action humanitaire des ONG et les actions de renseignement des PRTs. Pour ne pas brouiller la perception, et maintenir un lien de proximité avec les populations, les ONG françaises présentes en Afghanistan ont demandé une séparation claire entre soutien militaire et aide à la reconstruction. Dénonçant l'effet parfois contre-productif des « projets à impact rapide » (QIP) mis en œuvre par les PRTs, elles ont aussi souligné aussi que « *les populations afghanes semblent montrer une certaine lassitude, sinon une animosité, vis-à-vis d'une certaine forme de présence militaire étrangère... du fait de la durée même de la présence des forces internationales, mais aussi du fait des dégâts collatéraux commis* »[184].

Pour autant, les militaires et les humanitaires se retrouvent, *de facto*, présents simultanément sur de nombreux terrains et doivent apprendre à se côtoyer. Il est donc indispensable que les humanitaires mettent en avant, dans une posture pragmatique, les principes qui sous-tendent leur action et que les militaires admettent que leur rôle n'est pas de se substituer à l'aide humanitaire, mais de remplir le mandat opérationnel qui leur a été confié par des autorités politiques. Cette séparation des rôles est primordiale notamment sur les terrains de conflits où l'interdépendance est de mise, et où un brouillage des perceptions aura des conséquences sur la sécurité de tous les protagonistes (et surtout sur celle des acteurs non armés qui deviennent ainsi des *soft targets*). Cette insécurité croissante constitue déjà un frein majeur à l'accès aux populations, notamment les plus vulnérables, et participe à la réduction d'une marge de manœuvre opérationnelle déjà fragilisée.

---

[183] Aid and civil-military relations in Afghanistan, BAAG-ENNA, 2008.

[184] Colloque 22 mai 2008, « La société afghane : quelles dynamiques ? », Synthèse des recommandations formulées par les ONG françaises présentes en Afghanistan.

Cette clarification doit se traduire à la fois par des éléments techniques (échanges de bonnes pratiques entre ONG au niveau national et international, dialogue entre ONG et militaires/politiques, procédures internes, stratégie du *last resort*, etc.), mais aussi par un positionnement réaffirmé de l'ensemble des ONG sur la « saine distance » qui doit exister entre militaires et humanitaires, ou entre politiques et humanitaires.

De plus, le Consensus Humanitaire Européen, récemment publié et fruit d'une large approbation par le Conseil et les représentants des États membres, la Commission européenne et le Parlement européen, stipule avec clarté que « *l'aide humanitaire de l'Union européenne n'est pas un outil de gestion des crises* »[185]. Cette prise de position supranationale rejoint les préoccupations et les revendications d'un grand nombre d'ONG humanitaires. Les ONG humanitaires doivent donc veiller à l'application de ce Consensus sur le terrain, notamment lorsque des forces militaires européennes sont présentes, comme cela peut être aujourd'hui le cas en Afghanistan ou, il y a encore peu de temps, au Tchad et en République Centrafricaine.

La déclaration en mars 2008[186] du ministre français de la Défense, Hervé Morin, sur le décès « *en mission humanitaire* » d'un soldat des forces spéciales françaises, à la frontière soudano-tchadienne, a été particulièrement inadaptée. En effet, la qualification « humanitaire » ne correspondait ni aux engagements ni au mandat de l'EUFOR, auquel appartenait ce soldat. Au contraire, elle a ajouté à la confusion entre l'action militaire et humanitaire dans ce contexte tchadien en particulier, et sur l'ensemble des zones de conflits en général. Tout aussi préoccupantes ont été les déclarations de Bernard Kouchner, alors ministre des Affaires étrangères, lorsqu'il a déclaré[187] le 5 octobre

---

185 Consensus Humanitaire Européen – Partie 1, chapitre 2, paragraphe 15, *Journal officiel de l'Union européenne* (30 janvier 2008).

186 Communiqué de presse du 7 mars 2008.

187 Déclaration de B. Kouchner dans *Le Monde* du 7 octobre 2008, qui a été suivi d'un communiqué de presse d'ONG françaises.
http://www2.medecinsdumonde.org/layout/set/print/Presse/Communiques-de-presse/A-l-International/Declaration-de-Bernard-Kouchner-Gaza

2008 devant la presse israélienne qu'« *officieusement, il y a des organisations internationales qui entrent dans la bande de Gaza, en particulier des ONG françaises qui nous donnent des informations* », mettant en danger les programmes (et potentiellement les équipes) de plusieurs ONG.

Que les États soient à la recherche d'une « dimension humanitaire » pour légitimer certaines de leurs opérations extérieures et que des entreprises utilisent la responsabilité sociétale comme possibles paravents pour masquer la recherche de profits, sont des faits établis. Prises dans une complexité opérationnelle croissante et soumises à la tendance lourde d'une gouvernementalité néolibérale, les ONG humanitaires doivent faire preuve d'adaptation et de vigilance pour gérer au mieux leurs interdépendances présentes et futures, seules garantes d'une indépendance relative.

Les Casques rouges ou le devoir d'ingérence militarisé

Les déclarations décomplexées en mars 2010 d'Anders Fogh Rasmussen, alors Secrétaire général de l'OTAN, considérant que les ONG présentes dans le conflit en Afghanistan devaient devenir des auxiliaires des forces de la coalition en faisant du « *soft power* »[188] rappellent étrangement celles de Colin Powell en 2001, pour qui les ONG, et notamment les ONG américaines, étaient des « *multiplicateurs de force* » de la politique étrangère américaine. S'intégrant dans le cadre de la doctrine otanienne de la « *Comprehensive Approach* » (approche globale), ces paroles ont suscité une vive et rapide protestation de la plateforme des ONG présentes en Afghanistan – ACBAR –, qui a rappelé les engagements que les bailleurs et la communauté internationale, y compris les pays de l'OTAN, avaient pris concernant notamment le respect des principes de l'action humanitaire. Dans le même esprit, certains acteurs[189] se sont prononcés pour l'intervention de forces

---

188 www.afghanaid.org.uk/news.php/16/acbar_press_release_ngos_are_not_a_soft_power

189 Articles de N. Guedj, J. Ping et P. Aeberhard parus sur le site Grotius, avril 2010. www.grotius.fr

militaro-humanitaires internationales, avec une couleur de casques comme rouge. Mais si la couleur change, l'arrière-pensée politique demeure.

En reprenant les arguments d'efficience, de performance et de coordination, il a été souligné l'insuffisance d'efficacité structurelle qu'auraient les acteurs humanitaires non-étatiques, et l'idée d'un grand corps « expéditionnaire » militaro-humanitaire onusien avec des antennes sur chaque continent a donc été avancée. Quelle urgence y avait-il donc pour justifier pareille demande ? Les conséquences du tremblement de terre en Haïti de janvier 2010 ? La réforme humanitaire des Nations Unies, justifiée sur la base de ces mêmes arguments et qui s'est traduite par la mise en place de l'approche sectorielle (« *cluster-approach* ») et la centralisation des fonds d'urgence, est pourtant encore en cours d'évaluation au sein des instances onusiennes. Outre la « double peine » (catastrophe et pauvreté) dont ont été victimes les haïtiens, l'absence de contrôle civil sur les opérations de secours a, on le sait aujourd'hui, conduit à des dérives de la part des autorités américaines contraires aux *guidelines* d'Oslo. Sans polémiquer avec les auteurs précédemment cités, Patrick Aeberhard, Jean Ping ou Nicole Guedj, leur approche des principes fondamentaux de l'action humanitaire ne peut justifier une « *militarisation supranationale de l'aide humanitaire* ». En affirmant de plus que les ONG ne sont pas efficaces lors de catastrophes naturelles et que leurs moyens financiers ont diminué, ils pensent faire la démonstration de la nécessité d'une « *force internationale humanitaire de réaction rapide* », justement sur le modèle des « Casques rouges » qui pourraient préfigurer cette nouvelle force d'intervention.

Cette tentative de démonstration ne convainc pas, tant par l'insuffisance des arguments développés – plus dogmatiques que basés sur des preuves – que par l'inadéquation des solutions proposées. La militarisation et la subordination de l'action humanitaire au politique deviendraient donc indispensables pour des raisons d'efficacité et de coordination ? Si le souhait de Nicole Guedj, Jean Ping et Patrick Aeberhard est d'établir de nouvelles normes en matière d'intervention humanitaire, quelques rappels sont nécessaires, à la fois sur la façon dont s'édictent de nouvelles normes mais aussi sur la manière dont les humanitaires composent leurs relations avec les militaires. Bien que ces auteurs utilisent un champ sémantique large, du militaire à l'humanitaire en passant par le médiatique, l'énonciation d'une norme n'est pas l'édiction d'une norme[190] et il convient de confronter ce discours – et les valeurs qu'il porte – à d'autres discours, ainsi qu'aux normes juridiques existantes.

En 2006, les *guidelines* d'Oslo ont défini le cadre dans lequel les acteurs humanitaires pouvaient utiliser des moyens militaires, et notamment logistiques, en dernier ressort, lors de catastrophes naturelles. En 2003, les *guidelines* du « *Military and Civil Defence Assets* »[191] ont permis de préciser les interactions entre militaires et humanitaires en situation d'urgence complexe. Loin d'être dépassée, la validité de ces textes a été rappelée dans le « Consensus Humanitaire Européen ». En mai 2009, c'est au tour de VOICE[192] de se positionner politiquement sur la question des relations entre militaires et humanitaires lors de situations de conflits et de catastrophes naturelles.

Reprendre les arguments de la moralité pour justifier une action militaro-humanitaire n'est pas une idée nouvelle. Lorsqu'elle a été formulée, elle paraissait même une bonne idée... Pourtant, censé devenir une norme au bénéfice des populations, le devoir d'ingérence[193] s'est peu à peu transformé, au lendemain de la chute du mur de Berlin, en norme transnationale, centralisée, qui a fonctionné comme un instrument pour les États, et non plus comme un soutien aux populations. Paradoxalement, le devoir

---

190 W. D. Eberwein, *L'action humanitaire : normes et pratiques*, Éditions L'Harmattan, Paris, 2011.

191 MCDA http://www.coe-dmha.org/Media/Guidance/3MCDAGuidelines.pdf

192 VOICE www.voice.org

193 Résolution 43/131 du 8 décembre 1988 : adoptée à la suite du séisme d'Erevan (25 000 morts) en Union soviétique, à l'initiative du président Mitterrand, l'Assemblée générale de l'ONU adopte le principe de l'ingérence humanitaire : « Assistance humanitaire aux victimes de catastrophes naturelles et situations d'urgence du même type ». http://daccess-dds-ny.un.org/doc/RESOLUTION/GEN/NR0/533/41/IMG/NR053341.pdf?OpenElement

d'ingérence a réaffirmé ces dernières années, aussi bien en Irak qu'en Afghanistan, la primauté de la puissance des États et de l'intérêt gouvernemental (ou intergouvernemental). Même la volonté réelle d'implication des pays occidentaux dans les missions de maintien ou d'imposition de la paix de l'ONU est remise en cause par les lobbys de sociétés militaires privées qui démontrent, chiffres à l'appui, la très faible proportion de militaires occidentaux présents dans ces missions[194] ! Dans ce contexte, l'introduction de nouveaux acteurs militarisés intergouvernementaux (ou issus de sociétés militaires privées ?) sur des terrains de conflits ou de catastrophes naturelles, aux mandats et aux financements incertains, représente plus un problème qu'une solution.

De façon plus générale, les acteurs humanitaires doivent rester vigilants sur cette volonté de changer les normes de l'humanitaire, car cela aurait pour corollaire de modifier les principes sur lesquels ces dernières sont construites. De plus, il serait imprudent de minimiser l'impact discursif, notamment lorsqu'il devient répétitif et qu'il est porté par des personnalités crédibles comme le gabonais Jean Ping, ancien Président de la Commission de l'Union Africaine. Plutôt que répondre au dogmatisme par du dogmatisme, il convient d'y opposer du pragmatisme et des solutions alternatives basées sur des principes intangibles. La réponse la plus rapide à une catastrophe naturelle vient toujours des populations et des secours locaux. Il s'agit donc de renforcer les mécanismes d'alerte, ainsi que d'améliorer les capacités de préparation aux catastrophes naturelles et de mobilisation communautaire. Concernant les relations avec les militaires, les humanitaires évoluent sur les mêmes terrains, mais avec des mandats et des objectifs radicalement différents. C'est pourquoi une « saine distance » est nécessaire, mais le dialogue mené par les ONG depuis un certain temps avec les militaires conventionnels (forces armées françaises ou de l'OTAN par exemple) permet une meilleure connaissance et compréhension de ces acteurs, sans rien céder à l'opposition légitime des humanitaires aux processus de coordination que souhaitent imposer les approches intégrées (de certains États, de l'Union européenne, de l'OTAN, et parfois des

[194] Hormis la FINUL au Liban.

Nations Unies). Discuter avec des combattants « irréguliers » (rebelles du Darfour, talibans en Afghanistan, etc.) permet aussi d'accéder aux populations dans des terrains complexes et dangereux, au prix parfois, il est vrai, d'âpres négociations. Les regards critiques, que nous pouvons porter par exemple sur les résultats de la réforme humanitaire ou sur les insuffisances de la MONUC[195] ou de la MINUAD[196] ne nous empêchent pas de discuter avec les responsables des Nations Unies. Au contraire, il est parfaitement possible d'avoir une parole contradictoire, responsable et force de propositions.

Les limites et les imperfections actuelles des ONG ne justifient pas les critiques indiscriminées. Les ONG qui refuseront de transiger sur les principes de l'action humanitaire ou d'adhérer aux processus d'intégration passeront-elles pour des structures conservatrices, refusant d'évoluer avec leur temps ? La solution « *évidente* » préconisée, qui repose sur un tryptique fonctionnel associant organisation mondiale hiérarchisée, utilisation des nouvelles technologies (de type satellitaire) et dispositif préventif militaro-humanitaire, risque fort de se révéler inopérante voire contre-productive. En vérité, il ne s'agit pas d'une *Révolution des Affaires Humanitaires* [197] comme certains souhaiteraient le faire croire, mais au contraire, d'une régression de la capacité d'action et d'expression des sociétés civiles, et ce, au détriment des populations et des principes qui guident aujourd'hui l'action humanitaire.

ONG humanitaires et corruption : le nouveau paradigme de la transparence

Lors du tsunami meurtrier de 2004, des incidents de corruption et un manque de transparence de certaines ONG ont été portés à l'attention du public[198]. Plus récemment, des allégations de

[195] Mission des Nations Unies en République Démocratique du Congo.
[196] Mission des Nations Unies au Darfour.
[197] Par analogie à la « Révolution des Affaires Militaires ».
[198] Cour des Comptes, « L'aide française aux victimes du Tsunami du 26 décembre 2004, Les conditions d'intervention des services de l'État et de 32 organismes caritatifs », La Documentation Française, décembre 2006.

détournements massifs de l'aide alimentaire mettant en cause des partenaires du Programme Alimentaire Mondial (PAM) en Somalie[199] ont ravivé la polémique sur ces questions de corruption au sein même des Nations Unies. Problématique sensible et encore tabou pour nombre d'ONG, il n'en reste pas moins nécessaire de mieux définir ce que recouvre la notion de corruption, d'évaluer son importance réelle, et de mieux comprendre les conditions qui la favorisent. Parallèlement, il convient d'identifier les mesures à mettre en place – ou à renforcer – pour la prévenir au mieux, même sur des terrains difficiles (dans des contextes de conflits armés, de post-conflit, ou dans des pays ayant déjà ces pratiques de corruption, bien ancrées). En effet, il existe un devoir de redevabilité des ONG – d'abord envers les bénéficiaires, mais aussi envers les potentiels bailleurs – visant à prévenir une perte d'efficacité opérationnelle (par le détournement de matériels ou de médicaments par exemple) et d'intégrité dans la gestion financière de ces projets. La possible perte de crédibilité et d'image, tant vis-à-vis de l'opinion publique que des partenaires, est aussi un facteur essentiel qui doit inciter les ONG à agir de façon proactive. Il convient néanmoins de réfléchir aussi au piège moralisateur de ce nouveau paradigme de la transparence, dont les écueils potentiels (perte d'efficacité opérationnelle dans certains contextes, instrumentalisation, labellisation…) sont réels.

La corruption : un concept polymorphe

Comme l'a défini *Transparency International* (TI), la corruption correspond à « *l'abus de pouvoir ou de position à des fins de gains privés* »[200]. De cette manière, la corruption active (corrompre) ou passive (se laisser corrompre), tout comme le détournement, sont pris en considération. La quantification exacte des problèmes de corruption ou de manque de transparence dans le secteur de l'aide humanitaire est par essence difficile à déterminer,

[199] Dépêche AFP, 25 mars 2010.

[200] Transparency International, « Rapport mondial sur la corruption. Corruption et santé », 2006, p. XVIII. http://www.transparency.org/publications/gcr/gcr_2006/gcr_french_2006

mais est très probablement sans commune mesure avec ce qui peut être observé dans le secteur commercial privé[201].

Tout en gardant la même définition, une autre typologie des phénomènes de corruption peut être envisagée[202], prenant en compte les sources d'où émanent ces risques de corruption. On peut distinguer, d'abord, la corruption *contextuelle*, liée au milieu dans laquelle se fait l'intervention (régimes, administrations, polices corrompues), puis la corruption *systémique* en rapport avec le fonctionnement complexe du méta-système humanitaire actuel (nombreux acteurs en interrelation et interdépendance), et enfin la corruption *intra-organisationnelle*, liée aux contraintes inhérentes à chaque ONG (ressources humaines, stratégies de prévention active des risques de corruption, procédures de contrôle au siège comme sur le terrain). Plus opérationnelle, cette typologie a le mérite d'opérer une certaine hiérarchisation et d'identifier la marge de manœuvre réelle des ONG face à ces risques. Ainsi, si l'éradication de la corruption contextuelle par une ONG paraît très peu probable, il n'en va pas de même pour celle concernant les mesures internes à prendre au sein de chaque organisation.

Un certain nombre de facteurs prédisposant aux pratiques de corruption ont pu être identifiés[203]. Outre le contexte d'urgence, il s'agit des incertitudes liées au manque, voire à l'impossibilité de planification, du nombre d'acteurs humanitaires présents et des volumes financiers en jeu. Mais il apparaît évident que le cadre même dans lequel le système humanitaire international s'est développé ces dernières années (croissance exponentielle du nombre d'ONG, sur-médiatisation des crises et accroissement du « *business humanitaire*[204] ») a renforcé ces prédispositions. Enfin,

---

[201] Transparency International, « Rapport mondial sur la corruption. Corruption et secteur privé », 2009. http://www.transparency.org/publications/gcr/gcr_2009

[202] N. Stockton, « Preventing corruption in humanitarian relief response », septembre 2005.

[203] http://www.transparency.org/publications/publications/other/humanitarian_assistance_ report_2008

[204] Dans lequel on peut interroger la notion politiquement correcte de responsabilité sociétale.

comme l'attestent certains faits divers[205] et de nombreux rapports (TI, OCDE, Banque mondiale), de nombreuses entreprises de pays dits « développés », et pas seulement celles des pays en voie de développement, ont de telles pratiques. Il s'agit d'un phénomène globalisé, favorisé par les dérives de l'économie financière, et contre lequel nos discours doivent se prémunir d'un dangereux « ethnocentrisme occidental ».

Depuis 20 ans, la sphère humanitaire s'est particulièrement développée avec une croissance exponentielle du nombre d'ONG, en France[206] (environ 41 000 répertoriées à ce jour) comme ailleurs. En 2013, on estimait que le montant financier des actions humanitaires transitant par les ONG était de l'ordre de 22 milliards d'euros[207]. Certaines ONG, essentiellement nord-américaines et européennes, devenues transnationales, ont des budgets très importants, allant de quelques centaines de millions d'euros (Médecins du Monde, Action contre la Faim, Médecins sans Frontières) jusqu'à plusieurs milliards de dollars (*World Vision International*)[208]. Fortement dépendantes de la générosité du public pour leurs dons privés (40 % du budget des ONG françaises proviennent, en moyenne, de financements publics et 60 % de financements privés[209]), seule garantie d'une réelle indépendance financière et politique, les ONG sont ainsi parfois réticentes à communiquer sur ce thème, de peur que cela n'engendre une mauvaise publicité et, en conséquence, une perte de financement.

Le nouveau dilemme des humanitaires

La réalité vécue actuellement par les équipes de terrain face à des hommes en armes lors des passages de check-points, seuls

---

205 Exemple du procès des dirigeants de Rio Tinto (entreprise australienne) en Chine. http://www.lesechos.fr/info/industrie/020445734778.htm

206 A. de Tricornot, « Des multinationales de l'aide et des micro-associations » in « Le développement désordonné des associations humanitaires », *Le Monde Économie*, 20 novembre 2007.

207 *Global Humanitarian Assistance report 2014*, http://www.globalhumanitarianassistance.org/report/gha-report-2014

208 Budget de WVI estimé à 2,6 milliards de dollars US en 2007 ; http://www.answers.com/topic/world-vision-international-inc

209 A. de Tricornot, *Ibid.*

moyens parfois pour accéder aux populations vulnérables et répondre à leurs besoins, se pose toujours dans les mêmes termes. Les humanitaires peuvent donc se retrouver, de fait, dans une situation où l'aboutissement de l'aide est mis en question par une demande illicite d'indemnisation financière (ou en nature). Si l'objectif prioritaire est de sauver des vies, le dilemme peut être partiellement résolu au profit de l'aboutissement rapide de l'aide. Ce nouveau « dilemme humanitaire » ne peut donc souffrir d'une gestion manichéenne et doit trouver des réponses pragmatiques, au cas par cas, sans pour cela gommer le questionnement moral et éthique que ces situations induisent. La question du dilemme est, en effet, centrale pour les humanitaires car elle renvoie à la dialectique permanente de l'intention de leur action et de l'impact (positif ou non) qu'elle génère sur son environnement. Les notions de *primum non nocere*[210] et de balance risques / bénéfices, qui sont d'utilisation quotidienne dans le champ médical, devraient voir leur utilisation élargie à la probabilité de détournement de l'aide (ou d'autres formes de corruption), et donc mieux prises en compte par les ONG. En effet, si l'« ADN » du mandat des humanitaires – notamment dans les situations de conflits, de catastrophes socio-naturelles ou d'urgences complexes – est d'accéder aux populations, cet accès ne peut se faire à n'importe quel prix.

Les humanitaires ne peuvent pas ignorer les conséquences potentielles de ces pratiques de corruption, notamment dans les conflits armés. Qu'il s'agisse du renforcement possible d'une économie de guerre[211] (vol ou détournement de l'aide par les belligérants), d'une recrudescence de tensions ethniques (répartition de l'aide), d'un affaiblissement de l'économie locale (effet « pervers » de l'aide alimentaire) ou d'une prédation de l'aide par des seigneurs de guerre, les ONG ont un devoir de responsabilité pour décider de poursuivre ou non leurs actions. Si chaque situation particulière doit trouver une solution contextualisée, il paraît possible que les ONG puissent s'engager à la fois dans une défense réaffirmée des principes de l'action

[210] « d'abord ne pas nuire ».
[211] M. A. Pérouse de Montclos, *Guerres d'aujourd'hui. Les vérités qui dérangent*, Éditions Tchou, Paris, 2007.

humanitaire (humanité, impartialité, indépendance et neutralité opérationnelle) et dans la prévention et l'atténuation (« *mitigation* ») des risques de corruption, dans un souci de transparence renforcée, envers les bénéficiaires mais aussi les donateurs privés et les bailleurs de fonds.

En France comme dans beaucoup de pays occidentaux, la mise à jour d'un cas de corruption au sein d'une ONG est perçue par beaucoup comme un risque majeur avec des conséquences irréversibles pour les acteurs humanitaires et leurs activités, pouvant provoquer une remise en cause de leur crédibilité et de leur notoriété (auprès des médias notamment), ainsi qu'une réduction significative de leurs ressources.

Pour ouvrir le débat sur ces problématiques et promouvoir des mesures anticipatoires, Médecins du Monde – en collaboration avec des étudiants de l'Institut d'Études Politiques (IEP) de Paris – a mené en 2008 une étude[212] auprès des 17 ONG françaises les plus importantes[213], visant à les interroger sur leur perception des phénomènes de corruption, la façon dont elles estimaient les terrains et situations à risques et les mesures prises pour minimiser et prévenir ces risques. De façon surprenante mais traduisant le caractère encore tabou de cette problématique, 65 % des ONG contactées ont refusé de participer à cette enquête strictement anonyme. Les ONG ayant accepté de répondre ont reconnu dans 75 % des cas que la corruption faisait partie des enjeux opérationnels importants de l'aide humanitaire et que les situations d'urgences, comme le tsunami en 2004, constituaient des situations particulièrement exposantes. Il est toutefois important de rappeler que la plupart des contextes d'urgence se déroulent dans des pays où la corruption est déjà prégnante[214], 86 % des personnes interrogées estimant que la corruption est d'abord d'origine contextuelle. Comme l'avait déjà démontré TI, cette enquête a confirmé que les domaines les plus exposés dans la logistique

---

[212] Rapport interne de MDM, en collaboration avec Sciences-Po Paris, « Analyse de la corruption dans le secteur de l'aide humanitaire et perspectives », 2008.
[213] Ces 17 ONG représentent plus de 80 % de l'aide humanitaire française.
[214] Transparency International, « Global Corruption Barometer », 2009. http://www.transparency.org/policy_research/surveys_indices/gcb/2009

opérationnelle humanitaire sont ceux de l'achat et de la distribution de médicaments, de consommables, du fret de marchandises, ainsi que les travaux de rénovation et de construction. Enfin, il semble que plus de 50 % des personnes interrogées aient été témoins ou aient fait l'objet d'offres illicites.

Les ONG se doivent donc d'être lucides sur les questions de gouvernance des pays dans lesquels elles interviennent – en s'aidant par exemple des documents produits régulièrement par l'OCDE[215] ou TI –, mais aussi sur les facteurs de risque de corruption induits par leurs actions, et ce, pour mieux les contrôler, les atténuer, voire les éradiquer. Certaines ONG[216], notamment suédoises, ont choisi l'affichage public des résultats de leurs cas de corruption, mais aussi des politiques anti-corruption qu'elles mettent en œuvre, sans que cela ne nuise au financement dépendant de la générosité du public. Même si cela relève aussi de choix qui sont plus « culturels » et qui ne préjugent pas de l'engagement réel des autres ONG – notamment françaises – sur cette problématique, cette démarche a le mérite de la clarté.

Au niveau international, TI a rédigé un guide pratique[217] permettant d'identifier les « maillons faibles » dans les dispositifs humanitaires, afin d'améliorer la prise de conscience mais aussi de prévenir, autant que faire se peut, les pratiques de corruption, qu'elles soient liées à l'acquisition de matériel, aux questions de ressources humaines, de gestion des fonds ou de la distribution (médicaments, nourriture,...). Une place importante est également faite à la surveillance et à l'évaluation de ces mesures. Plusieurs ONG, notamment anglo-saxonnes, ont participé à l'élaboration de ce document, plus technique que politique. Depuis 2003, un

---

215 http://www.oecd.org/document/58/0,3343,en_2649_37447_41803642_1_1_1_1,00.html

216 http://www.danchurchaid.org/what_we_do/issues_we_work_on/anti-corruption

217 Transparency International, « Preventing corruption in humanitarian interventions », 2010. http://www.transparency.org/global_priorities/other_thematic_issues/humanitarian_assistance/ti_publications

consortium inter-ONG – HAP *International*[218] –, est chargé de veiller à ce que l'action humanitaire soit comptable de ses actions envers les populations bénéficiaires.

La communauté des ONG humanitaires françaises n'a pas attendu les secousses médiatiques qui ont suivi le catastrophique tsunami en Asie du Sud-est pour mettre en place des mécanismes d'alerte et de contrôle (internes comme externes) concernant les questions de transparence et de lutte contre la corruption. Sur le plan externe, la plateforme des ONG françaises – Coordination Sud[219] – s'est dotée d'une Commission « Éthique et Transparence » et mène régulièrement des réflexions internes sur le sujet. Dans le même esprit, la majorité des ONG françaises de taille conséquente sont membres du Comité de la Charte, organisme indépendant dont le but est de promouvoir la transparence et la rigueur de la gestion pour permettre le « don en confiance »[220]. De plus, chaque association ayant recours de façon significative à la générosité du public est tenue de faire certifier ses résultats chaque année par un commissaire aux comptes, et de nombreux audits externes (plusieurs dizaines par an) sont réalisés au sein de chaque ONG, par les bailleurs (EUROPAID, ECHO…) comme par la Cour des comptes. En interne, en plus des messages à visée pédagogique délivrés en amont des programmes, des mécanismes de contrôle existent déjà visant à vérifier et croiser la validité des informations fournies par les terrains.

Phénomène global aux prismes multiples et aux conséquences locales significatives, la corruption et la transparence doivent faire partie désormais du champ de réflexion et d'action des acteurs humanitaires. Au-delà de la responsabilité de chacun et en raison de la transversalité des contraintes qu'il affronte, le système humanitaire contemporain est devenu un métasystème que l'on

---

[218] http://www.hapinternational.org/

[219] Coordination Sud, « ONG : les démarches collectives autour de la transparence, de l'éthique et de la qualité des actions sont les meilleurs gages de fiabilité », 2007. http://www.coordinationsud.org/spip.php?article1251&var_recherche=ethique%20et%20transparence

[220] Comité de la Charte http://www.comitecharte.org/

peut qualifier d'« Humanitaire complexe ». Les problématiques de gouvernance et de transparence sont au cœur de la légitimité des ONG, et l'enjeu aujourd'hui est donc d'ouvrir pleinement le débat sur les risques de corruption auxquels elles font face et dont elles sont plus souvent victimes qu'actrices, sans mettre en danger leur action auprès des bénéficiaires. Un travail commun avec des associations comme *Transparency International*, mais aussi d'autres partenaires, institutionnels (OCDE, bailleurs de fonds) ou non (donateurs privés), est donc indispensable pour renforcer et afficher des stratégies opérationnelles efficaces dans la lutte contre la corruption. L'un des enseignements de l'étude de MDM, confirmé dans le récent rapport de TI, est qu'il est primordial d'affiner les stratégies d'intervention (cadre logique précis, bonne connaissance du terrain, formation des équipes aux risques de corruption, systèmes d'alerte guidés par des indicateurs…). Par ailleurs, une implication communautaire renforcée dans l'élaboration, la réalisation et l'évaluation des programmes sur le terrain améliore non seulement l'adhésion des populations, mais a montré son efficacité dans la lutte contre les phénomènes de corruption et dans la promotion d'une meilleure gouvernance locale[221]. Il est probable qu'une attitude proactive et sans complexe des ONG sur cette problématique limitera les dérives d'instrumentalisation de la transparence.

Humanitaire et Droits humains : articulation délicate ou fracture ?

Avec cette métaphore médicale, on peut considérer que les relations entre l'humanitaire et les droits humains oscillent entre articulation délicate et fracture. Empreints de convergences et de divergences les débats entre ces deux communautés existent depuis des décennies. L'action humanitaire et son droit afférent issu des Conventions de Genève et de ses protocoles additionnels – le Droit International Humanitaire – sont souvent liés à des situations de conflits, alors que les Droits humains ont un prisme élargi,

---

[221] C. Knox, « Dealing with sectoral corruption in Bangladesh: developing citizen involvement », Pub Admin Dev, 29, 2009. http://www.ti-bangladesh.org/about/ColinKnox-pap-Mar09.pdf

globalisant, et mobilisent souvent les notions de gouvernance et de démocratie. Lorsqu'en décembre 1948, l'Assemblée générale des Nations Unies a proclamé la Déclaration universelle des droits de l'Homme, l'ambitieux objectif qu'elle se fixait était d'énoncer des droits fondamentaux, politiques, civils et sociaux dont devraient bénéficier tous les êtres humains. L'action humanitaire devrait donc en principe s'approcher de ces mêmes objectifs. Dans une période fragmentée où la notion même d'universalité est remise en cause, la relation contemporaine entre action humanitaire et droits de l'Homme semble désormais plutôt s'inscrire dans la confrontation que dans la complémentarité.

Le combat politique des défenseurs des droits humains

Les défenseurs des droits humains balayent un spectre de situations et d'objectifs très larges, allant de la défense de la presse à celle des libertés individuelles élémentaires. Éminemment respectables, nombre d'entre eux sont victimes chaque année de cette volonté farouche, frontale, de ne plus accepter des systèmes oppresseurs et d'apposer un respect universel et partagé à l'humanité. Ces militants le disent, l'écrivent, et parfois même le chantent ! Ils le font bien souvent à leurs dépens et à leurs risques et périls, car le monde dans lequel nous vivons ne s'y prête paradoxalement pas... Utilisant toutes les nouvelles technologies de la communication, leurs messages se heurtent encore plus fortement qu'avant aux fractures idéologiques et politiques induites par la globalisation de notre planète. Internet aurait fait du monde un « *village global*[222] », et pourtant la réalité vient contredire cette image idéalisée. Si les distances ont rétréci, c'est pour mieux souligner les barrières, les différences et les paradoxes qui ont émergé. Les plus fortunés s'enferment dans de nouveaux espaces sécurisés privés, qu'ils soient résidentiels ou commerciaux. La vie privée est remplacée peu à peu par une privatisation de la vie et de ses libertés, déconstruisant les modèles et les dynamiques du « *vivre ensemble* », pour un « *vivre entre nous* » bien plus restrictif, autarcique et discriminant.

---

[222] M. Mc Luhan, Q. Fiore, *Guerre et paix dans le village planétaire*, Editions Robert Laffont, coll. « Libertés », Paris, 1970.

Le concept de sécurité humaine qui a émergé il y a une vingtaine d'années a élargi d'autant plus les exigences des défenseurs des droits humains qu'en même temps les modes de gouvernance se modifiaient et le rôle de l'État rétrécissait. La privatisation des biens publics, défendue par les tenants du néolibéralisme et accentuée par l'actuelle crise financière mondiale, rentre bien dans le cadre de cette évolution. Les pays prétendant défendre aujourd'hui les droits humains avec le plus de vigueur sont pourtant ceux qui ont appliqué extensivement ces pratiques économiques néolibérales. Ils ont réussi à fusionner ces deux visions (droits des individus et économie de marché dérégulée) dans un concept politique, celui de la paix démocratique, la « *pax democratica* ». Ce modèle des gouvernants s'oppose néanmoins de plus en plus à celui des gouvernés, qui cherchent des voies alternatives. L'altermondialisation, les mouvements paysans et ouvriers produisent, avec leur militantisme très actif, une hétérogénéité dérangeante et bruyante pour ces pouvoirs. Les frontières entre objectifs socio-économiques et politiques se fissurent, et le militantisme humaniste est indéniablement devenu un militantisme politique, engagé, partisan, départi de toute neutralité.

L'action humanitaire prise au piège de ses principes

Les principes de l'action humanitaire pourraient être l'un des facteurs explicatifs pour comprendre la distance qui sépare aujourd'hui les droits humains et l'humanitaire. En effet, si de nombreuses ONG revendiquent une fonction de transformation sociale, elles savent également que la négociation avec les structures de pouvoir en place est indispensable pour accéder aux populations. Pour des raisons opérationnelles, mais aussi pour respecter l'impartialité et la neutralité de leur mandat, les acteurs humanitaires ne pensent pas que leur mission première est la promotion des droits humains. La confrontation à la complexité, l'absence de démarcation évidente entre le bon et le mauvais camp lors d'affrontements et leur responsabilité première qui est de pouvoir atteindre les populations civiles les obligent bien souvent à négocier des compromis[223]. Des compromis avec les belligérants et parfois aussi avec leur conscience... D'où la difficulté à promouvoir simultanément une revendication uniquement militante et sans concession, et une présence opérationnelle sur le terrain.

Schématiquement, trois profils d'ONG sont observables. Premièrement, il y a les ONG qui adhèrent idéologiquement à cette gouvernementalité néolibérale et conçoivent l'aide aux populations comme du « *charity business* ». La paix démocratique leur paraît un bon mélange idéologique entre une nécessaire liberté sociale, dont font partie les droits de l'Homme, et la liberté économique, mise en valeur par l'économie de marché. Les conséquences sociales de ce modèle peuvent être atténuées par une action humanitaire pragmatique, mais il n'est pas question de remettre en cause le modèle dominant. La deuxième attitude est celle des ONG qui sont conscientes de leur impact, doutent de la réelle neutralité politique de leur action, mais entendent quand même surmonter leurs contradictions internes. Pour cela, elles adoptent des procédures opérationnelles, certes respectueuses des principes fondamentaux de l'action humanitaire, mais qui s'appuient au maximum sur les communautés des populations bénéficiaires. L'idée de durabilité (traduction approximative du terme anglo-saxon de *sustainibility*) et de renforcement des capacités est clairement affichée comme des priorités de leur engagement. Très souvent, ces ONG ont un fort socle associatif issu de la société civile et refusent de dissocier aide d'urgence et développement. La troisième catégorie d'ONG regroupe celles qui ont perdu, en partie ou en totalité, cette conscience politique, privilégiant, sous prétexte d'efficacité, des stratégies utilitaristes et fonctionnalisantes. Ce sont généralement des ONG très techniques, réactives, efficientes et, pour les bailleurs, d'excellents prestataires de service. À aucun moment, la dimension militante ne vient contrecarrer la recherche de la performance et du résultat. Il est parfois difficile de savoir si leur attitude est dictée par un réel désintérêt de la *res publica* par le fait qu'elles considèrent que faire des discours enflammés sur les

[223] C. Magone, M. Neuman et F. Weissman (dir.), Agir à tout prix. Négociations humanitaires : l'expérience de Médecins sans frontières, Éditions La Découverte, Paris, 2011.

droits humains sans être capables de répondre aux urgences vitales des populations est dénué de sens… Paradoxalement, parce qu'elles ne sont pas toujours silencieuses sur ce qu'elles voient et qu'elles sont suffisamment efficaces pour être présentes sur des terrains très difficiles, elles jouent – volontairement ou non – un rôle essentiel sur la dénonciation des violations des droits humains. Les récents débats sur la place des ONG humanitaires face aux demandes de témoignages de la Cour Pénale Internationale (que ce soit en RDC ou au Darfour) ont montré que en dehors du CICR qui a obtenu un statut particulier protégé, l'implication directe et visible des humanitaires pour fournir des preuves à charge contre des régimes totalitaires constituait un lourd et dangereux dilemme.

Le monde est gris, et la vraie responsabilité de chaque acteur comme de chaque organisation est donc de savoir jusqu'où le curseur du compromis peut être poussé, afin de ne pas tomber dans la compromission ou la complicité silencieuse. Personne sur le terrain ne peut se défausser de cette recherche d'éthique, individuelle lorsqu'il s'agit de son engagement, mais aussi collective lorsqu'il s'agit des cadres opérationnels fixés par chaque organisation. La remise en cause de plus en plus fréquente de l'universalité des droits humains, tout comme les enjeux de perception et leurs conséquences en termes d'insécurité, imposent les réflexions suivantes. Le rôle des ONG humanitaires est-il de s'engager publiquement dans la promotion des droits humains, quitte à ne plus accéder aux populations dont elles prétendraient défendre les droits ? Les défenseurs des droits humains, dont le combat est toujours plus politique, se rendent-ils compte de la nécessité d'un humanitaire, sinon neutre, mais au moins plus à distance ? Promouvoir politiquement la paix démocratique en Afghanistan aujourd'hui, avec l'aide de certaines ONG et des PRTs, peut-il se faire sans conséquences pour des populations civiles en difficulté, dont beaucoup sont sous contrôle taliban et pour lesquelles aucune solution politique ou militaire immédiate n'est prévue ? Inversement, s'occuper des problèmes de santé, de logement, d'alimentation des migrants en Europe, comme ceux de Calais par exemple, peut-il s'envisager de façon neutre, apolitique, sans prise de position sur les politiques migratoires entreprises par les États européens ? Probablement pas.

Ainsi donc, il est possible de concevoir la nature plurielle des relations possibles entre le monde des humanitaires et celui des droits humains, de déterminer les passerelles possibles et les interactions positives qui peuvent se dégager. Possible de concevoir les frontières naturelles de l'exercice pour que l'identité de chacun soit respectée, sans nuisance collatérale aux dépens des populations pour lesquelles chaque entité a choisi de se battre. Sur le terrain, ces choix sont généralement faits spontanément et judicieusement, surtout lorsque ceux qui se battent le font pour leurs propres droits et leur propre survie. Être conscient des possibles, mais refuser les amalgames dangereux, permettra à ceux qui le souhaitent de renforcer avec intelligence et responsabilité collective la congruence de l'articulation « humanitaire – droits humains ». Une articulation parfois un peu rouillée, mais dont personne n'aurait intérêt à vouloir la fracture.

ONG humanitaires et modernité : la spirale de l'accélération

Les acteurs humanitaires ne sont pas déconnectés, socialement ou techniquement, et la mutation de leurs pratiques suit celles des sociétés auxquelles ils appartiennent. Inscrits dans la modernité et la mondialisation, ils subissent, ou en tout cas adoptent, les mêmes changements structurels que les autres. Deux faits marquants les concernent plus particulièrement. Tout d'abord, le phénomène de professionnalisation formelle qui s'est accentué fortement ces dernières années, faisant presque croire que les bénévoles mettant en avant leur engagement et leurs compétences n'étaient que des incapables sur le terrain. Le deuxième fait important est la « *spirale de l'accélération* », symbole même de notre modernité, et qui a profondément modifié les pratiques (utilisation des NTIC et des drones par exemples) et le ressenti des personnes partant sur des missions au loin.

Professionnalisation des humanitaires

Soigner des populations affaiblies dans un camp de déplacés en RDC, construire rapidement des latrines pour éviter une épidémie de choléra en Haïti, faire une évaluation nutritionnelle adéquate au Darfour, distribuer de l'eau potable à 1,3 million de réfugiés syriens au Liban, mettre en place un programme de protection et de prise en charge médicale pour des femmes violées dans une zone de conflits, saisir la dimension multiculturelle d'une communauté pour répondre sans discrimination et avec impartialité à ses besoins. Voilà les défis que beaucoup d'ONG ont à relever sur d'innombrables terrains de la planète. Pour cela, il faut qu'elles disposent des moyens financiers mais aussi opérationnels de leurs ambitions, et qu'elles s'assurent d'un vivier de recrutement suffisant avec des personnes compétentes. Les principales ONG françaises (Médecins Sans Frontières, Médecins du Monde, Action contre la Faim, Solidarités International, Première Urgence Internationale ACTED...) envoient chaque année plusieurs centaines d'expatriés pour mettre en œuvre ces programmes. Le recrutement de personnes aptes physiquement, psychiquement et compétentes, est donc un maillon essentiel de cette chaîne. Même si l'image globale de l'action humanitaire s'est un peu dégradée ces dernières années, elle suscite encore beaucoup d'enthousiasme et d'envie, particulièrement chez les jeunes. La différence générationnelle se traduit par le fait que beaucoup d'entre eux font le choix d'une carrière professionnelle dans l'humanitaire, alors que la génération précédente (à laquelle j'appartiens) a sensiblement opté pour les actions de bénévolat, la plupart du temps au sein d'associations loi 1901. Le bénévolat concerne en France 12,7 millions de personnes[224], soit l'équivalent de 88 000 temps-pleins, permettant ainsi un vrai dynamisme associatif hexagonal. 31 % d'entre eux agissent dans le domaine social et caritatif. Jusqu'à présent, ce bénévolat était rendu possible par une disponibilité qui pouvait se gérer relativement facilement au niveau de son activité professionnelle, ou par la volonté de retraités de mettre leur temps à disposition pour des causes qu'ils jugeaient valables. La majorité des bénévoles associatifs en France le sont après 35 ans. Parallèlement, les formations professionnalisantes aux métiers de l'humanitaire et du développement se sont accrues considérablement, et il est désormais rare qu'une université ne possède pas son propre Master sur cette thématique. Hormis l'Institut Bioforce, à Lyon, qui forme dans son cursus à des

---

[224] *La situation du bénévolat en France en 2013*, Rapport France Bénévolat. http://www.francebenevolat.org/

professions techniques, et quelques Master 2 professionnalisant (dont celui de Montpellier), la majorité des diplômes actuels donnent plus une culture générale de l'environnement humanitaire et de ses problématiques qu'une véritable compétence technique, immédiatement utilisable sur le terrain. Paradoxalement, les étudiants les plus recrutés en fin de parcours universitaires par les ONG sont ceux issus des écoles de commerces, car ils sont immédiatement aptes à prendre un poste d'administrateur (celui qui s'occupe de la gestion financière et des ressources humaines) sur le terrain. Les autres fonctions « soutiens », comme les logisticiens, sont souvent issues du monde du travail et possèdent déjà de solides compétences techniques.

Si la « nouvelle » génération ironise parfois sur les bénévoles « transporteurs de cartons » ou « plieurs d'enveloppes », et que les responsables d'ONG, comme les bailleurs, privilégient désormais la compétence diplômée à l'engagement, il ne faut pas oublier que les ONG tirent leur force et leur légitimité de leur ancrage dans la société civile et de l'intention politique qui a précédé leurs actions. MSF est née d'un refus d'obéissance caractérisé de médecins français au silence qui leur était imposé par le CICR. Aide Médicale Internationale (AMI) est issue de l'engagement de médecins français en Afghanistan lors de l'invasion soviétique des années 1980. ACF tire son origine d'une rencontre entre intellectuels, médecins et journalistes, etc. Toutes ces ONG ont eu une genèse complexe, en résistance à des évènements intolérables ou à un ordre établi. Faire de l'humanitaire, c'est accepter de se confronter à la vie réelle, parfois cachée, au-delà et à l'intérieur de nos frontières. C'est prendre en compte des souffrances, des espoirs déçus, de la frustration, mais aussi des joies et des illuminations qu'une vie professionnelle seule ne peut vous apporter. Or, on constate aujourd'hui que le management des ressources humaines dans les ONG s'apparente parfois, sous prétexte d'efficience, à celui visible dans les entreprises, avec son lot d'incohérence, d'inefficacité et parfois même de brutalité. On refusera, par exemple, de recruter un médecin expérimenté au motif que sa candidature n'a pas suivi la voie hiérarchique et habituelle, et on enverra sur un terrain de conflit celui ou celle qui ne connaît de la guerre que les images télévisées. Mais il y a bien sûr de nombreux autres exemples plus positifs… Comment qualifier, au final, un « bon » humanitaire ? Est-ce celui qui remplit méticuleusement les critères normatifs de SPHERE[225] ou celui qui accomplira sa tâche, en étant conscient des imperfections et des difficultés ? L'action humanitaire est à la fois une école de la désillusion et du désenchantement, mais aussi un espace d'apprentissage unique sur le monde, dans sa diversité et ses moments de grâce. De trop nombreux étudiants terminent encore, en France, des cursus universitaires fléchés vers l'humanitaire, en n'obtenant aucun travail dans le domaine pour lequel ils sont *théoriquement* formés. Acquérir des techniques et des compétences sanctionnées par un diplôme ne constitue pas une garantie de qualité dans leur mise en pratique, et réfléchir aux raisons profondes de son engagement me paraît d'une importance première. Plutôt qu'une professionnalisation indiscriminée, qui rassure mais ne répond pas aux enjeux posés, ce sont les vocations compétentes qu'il faudrait viser et favoriser. Cette accélération de la professionnalisation dans l'humanitaire s'est opérée simultanément à l'émergence des notions de redevabilité et d'efficience, mais aussi de responsabilité des ONG lorsque le nombre d'incidents graves (enlèvements, morts) a commencé à augmenter au début des années 2000. La pression des médias, des bailleurs et une judiciarisation croissante de la société moderne y ont également contribué. Les déboires récents de la Croix-Rouge Française par rapport à la législation sur le temps de travail de ses salariés démontrent qu'il devient difficile de concilier engagement pour une cause et code du travail…

La question des formes de la modernité renvoie aussi aux processus systémiques qui la construisent - et à son rapport à la mondialisation. On peut ainsi distinguer la question de l'accélération du temps, cette « *dictature de l'urgence*[226] » qui

---

[225] « Le Projet Sphère est une initiative à but non lucratif rassemblant un vaste panorama d'agences humanitaires autour d'un objectif commun : améliorer la qualité de l'aide humanitaire ainsi que la redevabilité des acteurs humanitaires vis-à-vis de leurs mandants, de leurs bailleurs de fonds et des populations sinistrées ». http://www.sphereproject.org/sphere/fr/

[226] G. Finchelstein, *La dictature de l'urgence*, Éditions Fayard/Pluriel, Paris, 2013.

place nos sociétés sous tension et exige toujours plus de rentabilité dans nos activités. Les humanitaires n'ont, bien sûr, pas pu échapper à cette nouvelle *dictature* et à ses conséquences.

Accélération du temps humanitaire

De manière très instinctive, chacun semble pris aujourd'hui dans une spirale de l'accélération et une sensation de compression du présent. Cette « *théorie de la relativité* », atténuant l'espace au profit du temps, peut être vécue au quotidien et change le regard sur le monde qui nous entoure. Le sociologue allemand Hartmut Rosa[227] l'a récemment montré dans son ouvrage « *Accélération : une critique sociale du temps* ». Alors que l'action humanitaire se réalise dans des espaces géographiques identifiés, habités par des hommes et des femmes, celle-ci interfère aujourd'hui avec l'utilisation massive d'internet et des NTIC. Cette mise en communication parfois simultanée entre le siège des ONG et leurs terrains permet bien sûr de régler d'innombrables problèmes, de transmettre des rapports plus facilement, de réorienter des programmes inadaptés et d'assurer un filet de sécurité permanent pour les équipes. Internet est une toile, un réseau, mais aussi un espace sans lieux, « *u-topique* », où les vitesses de transaction (financière comme sociale) sont démultipliées. Plus que l'espace en lui-même, c'est la « *conscience* » de l'espace qui s'est modifiée, celle-ci étant directement liée à la manière dont on se déplace en son sein. H. Rosa établit que « *l'accélération technique est elle-même une conséquence de préconditions culturelles, économiques et socio-structurelles […]. Les transformations de la perception et de la conception de l'espace et du temps, et les innovations technologiques touchant à la manière de se mouvoir au sein de ces derniers et aux relations que l'on entretient avec eux, s'influencent et se conditionnent mutuellement*[228] ». Cette accélération des processus et des échanges entraîne également des phénomènes de désynchronisation et une liquéfaction de l'espace en flux et en paysages. Dans un monde où l'incertitude, la labilité et la contingence prennent le pas, les efforts pour rester connectés et

---

227 H. Rosa, *Accélération. Une critique sociale du temps*, Éditions La Découverte, Paris, 2010.
228 H. Rosa, *Ibid.*

répondre aux exigences dématérialisées remplacent les visées à long-terme : pression sur le terrain pour des résultats, impératifs des bailleurs et parfois des médias, distances virtuellement abolies avec les sièges des ONG. Le temps humanitaire se comprime et affecte les travailleurs humanitaires, tout comme les *bénéficiaires*. On assiste ainsi à une modification mortifère de la hiérarchie des valeurs, à savoir que l'échéance (la bien-nommée *deadline*) supplante au final l'activité elle-même. Cette spirale infernale, en générant l'abandon de toute perspective de progrès, peut amener à des phénomènes compensatoires (bien décrits par Paul Virilio[229]) de pétrification et d'immobilité fulgurante. Faut-il alors faire l'éloge de la lenteur dans cette société de la modernité tardive ?

Un souvenir humanitaire marquant sur ces enjeux d'espace et de temps est celui d'une mission exploratoire au Darfour, dans la région montagneuse du Jebel Mara, alors zone de la principale rébellion darfouri contre le pouvoir central de Khartoum. Dans cette région désertique du Soudan, le Jebel Mara constitue un véritable grenier de fruits et de légumes grâce au lac d'un ancien volcan, éteint et majestueux. Durant trois semaines, un collègue de MDM et moi-même avons parcouru cette large terre à dos d'âne, accompagnés de nos guides. Une brève communication nocturne par satellite constituait notre seul contact avec le siège de notre ONG. Nous avons alors pu profiter, malgré les difficultés et le contexte de conflit armé dans lequel nous étions, de la sensation du temps qui passe, des hommes qui restent, et des amitiés forgées dans le respect mutuel de ceux qui partagent l'*iftar*[230]. L'absence de connexion et d'interférences m'a fait réaliser à quel point les étoiles pouvaient envoyer des messages bien plus intéressants et apaisants que des courriels… Bien que nous ayons dû en partir, suites aux attaques massives de la région par l'armée soudanaise, le lien humain construit avec la population du Jebel Mara est devenu inaltérable. La perception qu'ont des humanitaires toutes ces personnes soumises aux conflits et aux privations ne s'est pas faite meilleure parce que les ONG sont désormais reliées à des satellites

229 P. Virilio, *L'inertie polaire*, Éditions Christian Bourgeois, Paris, 1990.

230 L'*Iftar* est le repas qui est pris chaque soir par les musulmans au coucher du soleil pendant le jeûne du mois de ramadan.

et possèdent toutes les technologies modernes de communication. Au contraire, celles-ci ne viennent parfois que trop souligner les fossés de possession entre *aidants* et *aidés*. Cette simultanéité de cyber-époque et de lieux déconnectés est aussi le reflet des fragmentations engendrées par la mondialisation, redessinant ainsi une nouvelle géographie du temps. Sans vouloir remonter le cours du temps, est-il possible aux humanitaires de regagner un peu de cet espace perdu, de recréer des frontières pas seulement virtuelles entre l'ici et là-bas, de provoquer du reflux au flux incessant des informations ?

Conclusion

Du déclin de l'empire humanitaire à l'*humanitaire complexe*

« Quand tu auras désappris à espérer, je t'apprendrai à vouloir »

Sénèque

Du fait de son mandat auprès des populations exclues et vulnérables, l'action humanitaire contemporaine s'inscrit pleinement dans les enjeux sociétaux de rapport à l'État, de crises politiques et de conflits armés. La multitude actuelle d'ONG a toutefois accentué la fragmentation et l'hétérogénéité de ce que des politologues considèrent comme une « classe » sociale[231]. Le sans-frontiérisme, acte fondateur de la médecine humanitaire des *french doctors* avec son prolongement idéologique « le devoir d'ingérence »[232], a montré la voie à cette juste révolte, mais aussi – assez rapidement – ses limites lorsqu'elle servit de prétexte aux guerres justes[233]. La place réelle qu'occupent aujourd'hui les ONG confessionnelles, islamiques comme évangéliques, sur les terrains d'intervention est méconnue et sous-estimée. Par ailleurs, le positionnement des humanitaires sur la place à donner aux militaires (d'État ou privés)[234] et aux entreprises manque parfois de cohérence et de lisibilité. Il est alors plus facile de comprendre pourquoi la perception générale envers les acteurs humanitaires occidentaux s'est progressivement dégradée, passant d'une *immunité morale et physique* au statut d'acteur non neutre et par là, de cibles potentielles. Comme l'a écrit Freud, « *les choses*

---

231 J. Siméant, P. Dauvin (Dirs.), *ONG et humanitaire*, Paris, Éditions L'Harmattan, Paris, 2004.
232 M. Bettati, B. Kouchner, *Le devoir d'ingérence*. Éditions Denoël, Paris, 1987.
233 F. Weissman (Dir), *A l'ombre des guerres justes*, Éditions Flammarion, Paris, 2003.
234 A. Stoddard et al., « The use of private security providers and services in humanitarian operations », *HPG* n° 27, Paris, 2008.

s'effacent devant leurs représentations[235] » et la perception prend le pas sur la réalité. Celle-ci devient donc fabriquée, et son ennemi aussi[236]. La compréhension de ces mécanismes donne aussi des clés de lecture pour appréhender la genèse des conflits, voire l'extension, d'un certain dérèglement du monde[237]. Josepha Laroche[238] a récemment mobilisé des ressources et des concepts de la psychanalyse, de l'histoire et de la sociologie pour introduire de la pensée complexe, transdisciplinaire, et poser un cadre original d'analyse des reconfigurations sociopolitiques à l'œuvre dans le monde contemporain. Elle évoque un processus de décivilisation, qui ne s'appuie pas que sur les construits théoriques de Pierre Bourdieu ou René Girard, mais aussi sur des réalités tangibles comme l'action terroriste et la menace qu'elle fait peser sur les États de droit, en les poussant soit à sur-réagir (avec le danger de « *compromettre leur identité institutionnelle* »), soit sous-réagir (affaiblissant alors leur légitimité). Le monopole de l'État à exercer la violence physique légitime, défendu par Max Weber, relevait de fait d'un processus civilisationnel, et sa mise à mal actuelle s'accompagne désormais d'une « *brutalisation* »[239] du monde provoquant « *affrontements identitaires, destruction du lien social et des solidarités* » et « *exclusion de la communauté nationale d'individus* […] *socialement néantisés* »[240]. Dans le brouillard du monde actuel, il semble bien que les fragiles équilibres édifiés par les individus pour pacifier leurs sociétés n'aient rien d'acquis, et que même les empires ne dérogent pas à la règle.

La naissance et la mort des empires répondent donc parfaitement à cette dialectique, en ce sens qu'« *elles reposent, à l'origine, sur un pari hasardeux – se convaincre soi et les autres qu'on incarne le monde – et, dans leurs fins, sur un constat*

---

[235] S. Freud, *Tabou et totem [1913]*, Éditions Payot, Paris, 1985.

[236] P. Conessa, *La fabrication de l'ennemi*, Éditions Laffont, Paris, 2011.

[237] A. Maalouf, *Le dérèglement du monde*, Éditions Grasset, Paris, 2009.

[238] J. Laroche, *La brutalisation du monde : du retrait des États à la décivilisation*, Éditions Liber, Paris, 2011.

[239] J. Larché, La « brutalisation du monde » ou le combat perdu d'Alétheia contre Thanatos. Grotius international, février 2012 http://www.grotius.fr/la-%C2%AB-brutalisation-du-monde-%C2%BB-ou-le-combat-perdu-d%E2%80%99aletheia-contre-thanatos/

[240] J. Laroche, *Ibid.*

d'échec devant la réalité [...] [241] ». Les États-Unis, berceau de l'idéologie néolibérale, sont également un empire dont la mort a déjà été prédite par de nombreux auteurs, comme Emmanuel Todd[242]. Les gouvernants américains ayant pour point commun la conviction quasi-messianique de devoir accompagner le monde, ils ont développé pour cela des stratégies combinées de *hard power* et de *soft power*. L'efficacité de celles-ci reposent néanmoins sur un équilibre, que les politiques bushiennes de la décennie post-11 septembre 2001 ont mis à mal, en exposant simultanément la vulnérabilité et l'invincibilité de cet « *empire-monde* ». Pierre Hassner affirme que nous n'assistons plus aujourd'hui à « *une alternance de périodes caractérisées par des empires universels et des périodes de royaumes batailleurs* »[243], mais bien à la concomitance de ces séquences. Confrontés à l'émergence d'autres empires, comme la Chine, les États-Unis sont fragilisés mais ne rompent pas. Dans un ouvrage très documenté, David Engels[244] entreprend une comparaison historique, socio-économique et culturelle entre la crise de la République romaine et les difficultés actuelles au sein de l'Union européenne. Son constat est que la crise identitaire qui traverse l'Europe menace ses institutions, bien plus que la crise économique. Le déficit de légitimité qui en découle affaiblit cette « *institution révolutionnaire* » qui a permis de remplacer des siècles de conflits sanglants par une coexistence pacifique. L'identité est donc l'élément central de son propos : « *Si on prend pour acquis l'idée que sans identité il n'y a pas de communauté possible en temps de crise, la tentative aussi désespérée qu'infructueuse de rejeter les valeurs traditionnelles du passé et de construire une nouvelle identité collective [...] basée sur des idéaux universalistes ressemble plus à un symptôme de la crise actuelle qu'à sa solution* ». Son analyse pourrait apporter matière à réflexion pour ce qui concerne les enjeux identitaires qui participent aujourd'hui au déclin de l'empire humanitaire

[241] *Naissance et mort des empires*, Ibid.
[242] E. Todd, *Après l'empire. Essai sur la décomposition du système américain*, Éditions Gallimard, Paris, 2002.
[243] P. Hassner, *La Terreur et l'Empire*, Éditions Points, 2003.
[244] D. Engels, *Le déclin. La crise de l'Union européenne et la chute de la République romaine*, Éditions du Toucan, Paris, 2012.

occidental. Un parallèle est-il concevable entre ces « *empires-nations* » étatiques et l'« *empire-actions* » humanitaire ?

L'hégémonie actuelle du modèle humanitaire occidental, de plus en plus anglo-saxon malgré l'empreinte historique française des « *french doctors* », témoigne de la façon dont les ONG ont adopté les méthodes et concepts de la globalisation néolibérale dans leur réponse aux besoins des populations. *Humanitariae ex neoliberalimus*. Pour paraphraser l'historien Tacite qui affirmait que la « *guerre nourrit la guerre* » (*bella ex bellis*), on peut dire que la guerre menée depuis plusieurs décennies par les tenants d'une globalisation néo-libérale à l'échelle mondiale, a aussi nourri les humanitaires qui en sont devenus les vaisseaux capillaires. Puissants vecteurs des idées et des modes de comportement du monde occidental, les ONG ont ainsi accéléré, de façon plus ou moins volontaire, cette évolution normative globalisée et entamée depuis quelques décennies. Les chapitres précédents ont montré que l'humanitaire occidental s'inscrivait parfaitement dans les processus actifs et systémiques du couple mondialisation / globalisation, que ce soit du point de vue politique (avec la défense de la paix libérale), du point de vue économique (avec les nouveaux modes de financements et de management) ou du point de vue sociologique (avec les phénomènes d'accélération du temps). La fusion récente entre les ONG anglo-saxonnes *Merlin* et *Save The Children*, deux organisations historiques de l'histoire caritative occidentale, n'en est qu'une illustration supplémentaire. L'institutionnalisation globale de l'empire humanitaire et sa proximité de plus en plus grande avec les États ont considérablement réduit à la fois sa capacité d'influence sur les crises (politiquement et médiatiquement) et de pénétration physique sur les terrains de conflits où existaient de réels besoins humanitaires (comme en Syrie ou en Libye). De plus, ses stratégies de financement deviennent poreuses avec celles du monde entrepreneurial, chacun visant la même cible : c'est-à-dire les millions de personnes qui forment la *base de la pyramide*. Enfin, comme cela a été développé précédemment, les empires sont appelés historiquement à décliner sous leur forme *impériale* et à renoncer s'ils ne veulent pas s'adapter, tout comme les ONG humanitaires occidentales[245].

Le décryptage des nouveaux « *environnements* » dans lesquels évoluent les ONG nécessite donc l'aide d'outils inhabituels pour l'« *homo humanitarius* » comme la géopolitique, la sociologie, la démographie, l'urbanisme ou l'anthropologie. Il impose une attitude privilégiant le pragmatisme à l'idéologie, sauf si cette dernière reprend sa signification initiale, c'est-à-dire *un système d'idées*. La fragmentation des contextes s'est faite paradoxalement dans une période de globalisation culturelle et économique qui, au lieu d'entraîner une uniformisation des valeurs et des principes, a puissamment révélé les inégalités et fragmentations d'un monde polymorphe. Aujourd'hui, le véritable défi de l'ensemble des acteurs humanitaires est d'opérer simultanément une reconquête identitaire avec une stratégie d'ouverture et d'intelligence collective sur les savoirs, quitte à casser le mythe et dépasser les cadres préétablis. En acceptant de mieux assumer leur part d'ombre et d'incertitudes, les acteurs humanitaires s'inscriraient aussi dans une réflexion susceptible de modifier certaines pratiques, signe d'une réelle maturité politique. Acculé dans ses incohérences, l'humanitaire occidental moderne nécessite un nouveau souffle, une pause réflexive pour opérer une focale sur les savoirs qui le traversent, ainsi qu'une déconstruction critique de ces derniers. Cette « *pensée de la déconstruction* » a d'abord été conceptualisée par le philosophe Jacques Derrida qui en a fait un outil de subversion des textes philosophiques classiques. En élargissant son champ d'application, on peut s'en saisir pour sonder les doctrines (politiques, économiques, sociales) qui « *découpent le monde en catégories figées et opposées*[246] », et ainsi distinguer le réel de l'apparent, l'intelligible du sensible, mais aussi « *les logiques implicites, source de domination* ». Un savoir utile est un savoir réinterprétable par les acteurs qui en ont besoin dans une situation donnée, afin de mieux comprendre le mouvement brownien des

---

245 P. Micheletti, *Humanitaire. S'adapter ou renoncer*, Éditions Marabout, Bruxelles, 2008.

246 Jacques Derrida, « Le déconstructeur. L'art de Penser », *Les Grands Dossiers des Sciences Humaines*, n° 34, mars-avril-mai 2014.

sociétés et les dynamiques des cultures traversées. *Le paradigme de la complexité*[247], associé à une méthodologie de « systémique sociale », peut-il aider les humanitaires à approfondir la réflexion sur certaines problématiques majeures, permettre l'amélioration de pratiques parfois contestables, mais surtout rappeler la nécessité de prendre en compte le rapport à l'Autre et les interdépendances qu'il génère ?

Mobiliser des outils sociologiques pour parler d'humanitaire n'est pas en soi une démarche originale. « *Faire de l'humanitaire* » signifie en effet remettre l'humain au centre des préoccupations, et assumer que cette altérité renforce la condition d'humanité. Toutefois, si les principes majeurs de l'action humanitaire ne changent pas, les modalités de leur mise en œuvre ont, elles, évolué et continueront de le faire avec les contextes et les sociétés. La déconstruction/reconstruction des problématiques auxquelles sont désormais confrontés les humanitaires n'est pas forcément en mesure de répondre à toutes les questions posées, mais entend démontrer l'enchevêtrement de celles-ci. Discipline transversale dédiée à la compréhension de l'Homme dans sa production sociale et symbolique, la reconnaissance universitaire des travaux sur l'humanitaire contemporain doit aller de pair avec une *re-connaissance* de son cadre général qui, comme le monde entier, s'est globalisé mais aussi singulièrement complexifié dans ses interdépendances locales. Pour analyser correctement cet humanitaire renouvelé, passé du champ de batailles au champ social, la méthodologie analytique présente un certain intérêt mais également des limites. En effet, l'analyse linéaire qui en découle, souvent fondée sur l'étude de cas analogues et de précédents historiques[248], ne permet pas toujours de rendre compte de la dynamique des changements en cours. C'est pourquoi une méthode empruntant à la « *théorie des systèmes* » permettrait de mieux « *saisir le tout dans ses parties et les parties du tout* »[249]. Sans tomber dans les travers d'un modèle holistique qui expliquerait

---

[247] E. Morin, *Introduction à la pensée complexe*, Points, Paris, 2005.

[248] R. Kent, « Comment adapter les organisations humanitaires à un « autre futur » ? », Le Banquet n° 22, 2005/1.

[249] J. C. Lugan, *La systémique sociale*, PUF, Paris, 2009.

uniquement le tout, et à la différence d'un modèle analytique décomposant les enjeux dans une logique disjonctive et « *mutilante* », le modèle systémique vise aussi à l'émergence de problématiques originales, afin d'orienter de façon prospective les politiques stratégiques des organisations humanitaires si l'on prend l'exemple de l'action humanitaire. Pour autant, la « *théorie des systèmes* » étudie préférentiellement la connaissance des interactions et des relations des composants entre eux, plutôt que les composants eux-mêmes. La démarche systémique peut également aboutir à la rupture de certains cadres conventionnels figés, que seules la multidisciplinarité voire l'indisciplinarité selon Edgar Morin[250] intellectuelles permettent d'atteindre. Il paraît donc intéressant d'appliquer cette « *théorie générale des systèmes* » à l'humanitaire et ses interpénétrations, comme cela a pu être fait dans le domaine militaire[251] et dans celui des relations internationales. Le métasystème humanitaire contemporain peut ainsi être analysé comme différents sous-systèmes en interrelation qui se régulent par des boucles de rétroactions, entraînant de nouveaux équilibres et une évolution permanente du paradigme humanitaire. Cette capacité de transformation réciproque nécessite toutefois un certain degré d'ouverture, suffisant pour laisser des influences agir, tout en préservant l'intégrité du système.

Ce concept d'*humanitaire complexe* a également pour objectif, au-delà de la réflexion et de la méthode, d'infléchir les pratiques des uns et des autres. Il s'agit en effet de reconnaître l'impossibilité pour l'ensemble des acteurs (humanitaires, bénéficiaires et acteurs de l'« environnement » humanitaire[252]) de détenir individuellement une compréhension totale des situations intriquées auxquelles ils sont collectivement confrontés, et de tendre à transformer cette connaissance partielle en une volonté de savoir partagé et d'actions adaptées. Aujourd'hui, plusieurs domaines de l'humanitaire contemporain se prêtent

---

[250] E. Morin, *Mon chemin*, Fayard, Paris, 2008.

[251] Général L. Francart et al., *Les stratégies politico-militaires*, 6ème Congrès Européen de Sciences des Systèmes, septembre 2005. http://college-heraclite.ifrance.com/afset/afset.html

[252] États, organisations supra- ou interétatiques, bailleurs internationaux, mouvements armés…

particulièrement bien à une analyse par le prisme de la complexité. Le premier exemple a trait à la place et la gestion des humanitaires dans les camps de déplacés et de réfugiés. En effet, dans ces camps qui ne cessent de croître lors de conflits armés ou de catastrophes naturelles, et où les besoins biologiques semblent annihiler tous les autres, « *l'humain citoyen* »[253] devient, dans la *lingua humanitariae*, un « *déplacé* » ou un « *réfugié* ». Les populations déplacées sont ainsi non seulement soumises à un biopouvoir, renforcé involontairement par les modalités opérationnelles des ONG, mais aussi à une instrumentalisation politique forte, comme cela s'est vérifié aussi bien dans le camp de Kalma au Sud-Darfour[254] que dans le camp de Manik Farm au Sri-Lanka[255], ou plus récemment à Haïti[256]. Des stratégies d'implantation mal établies et préparées dans l'urgence peuvent renforcer durablement les *a priori* négatifs des populations envers les organismes de solidarité internationale, surtout lorsque ceux-ci ne se déparent pas de leurs « *signes extérieurs de richesse* », comme les véhicules 4x4 ou la location à prix d'or de logements. Comprendre la perception de l'autre dans un contexte de conflit armé, avoir une lecture urbanistique de la nouvelle géographie des villes après une catastrophe naturelle, induire d'emblée la participation active des communautés... Tout cela nécessite des compétences qui vont bien au-delà des attributions classiques des ONG comme l'accès aux soins, à l'alimentation ou à l'assainissement, qui n'en restent pas moins des activités structurantes. Un autre sujet primordial que l'« *humanitaire complexe* » peut traiter avec un prisme alternatif, est celui des enjeux de sécurité[257], aux nombreux déterminants globaux et loco-régionaux, et préfigurant déjà un rétrécissement du

---

[253] M. Agier, *Gérer les indésirables : des camps de réfugiés au gouvernement humanitaire*, Éditions Flammarion, Paris, 2008.

[254] Amnesty International, *Les déplacés du Darfour : la génération de la colère.* http://www.amnesty.org/fr/library/asset/AFR54/001/2008/fr/2019abde-caa5-11dc-b181-d35374267ce9/afr540012008fra.pdf

[255] Amnesty International. http://www.amnesty.org/fr/news-and-updates/amnesty-international-takes-action-sri-lanka-displaced-20091116

[256] Amnesty International, *Expulsions forcées dans les camps pour personnes déplacées d'Haïti.* http://www.amnesty.fr/sites/default/files/Nulle_part_o%C3%B9_aller_Expulsions_forc%C3%A9es_dans_les_camps_d_Ha%C3%AFti.pdf

[257] Au sens large du terme, en incluant notamment la question de l'acceptation.

champ humanitaire physique comme symbolique[258]. Ces deux thématiques, illustrées par de multiples exemples de terrains[259], témoignent des interdépendances – voulues ou non – qui associent à divers degrés les acteurs présents, nationaux comme internationaux, ainsi que des dérives liées à l'absence de prise en compte de ces interdépendances, qu'elles soient fortuites ou guidées par des objectifs extra-humanitaires (approche intégrée de l'OTAN et de certains États, intérêts commerciaux, prosélytisme d'ONG confessionnelles…). Un autre champ exemplaire pour l'*humanitaire complexe* concerne les difficultés actuelles d'intervention des ONG sur des terrains inhabituels comme les catastrophes technologiques (l'exemple de Fukushima fut très révélateur à cet égard) ou des épidémies à pathogènes très virulents, comme celle d'Ebola en 2014. La pauvreté, pour ne pas dire l'absence, d'investissement des ONG (hormis quelques rares, comme MSF) sur ces domaines, aussi bien en compétence technique qu'en volonté financière et politique, est préoccupante. En effet, cela sabote *de facto* leur légitimité à s'exprimer sur le sujet et à peser dans les décisions de ce qui constitue déjà aujourd'hui, et encore plus demain, des enjeux majeurs de gouvernance sanitaire mondiale.

L'exemple de la néo-piraterie maritime permet d'illustrer plus en profondeur le concept d'*humanitaire complexe.* Elle sévit aujourd'hui aux abords de nombreuses côtes, mobilisant des réponses prioritairement sécuritaires de la part des gouvernants, tandis qu'elle pose des questions humanitaires non identifiées et non gérées. Fait historique richement documenté aux XVIIe et XVIIIe siècles, la piraterie maritime revient en force en ce début de XXIe siècle, notamment dans le golfe d'Aden et en mer Rouge, mais aussi au large du Nigeria, de l'Inde, de l'Indonésie ou des Philippines. Les côtes somaliennes sont devenues l'une des zones les plus dangereuses au monde. Les modes opératoires utilisés sont également en train d'évoluer. En effet, l'agression « traditionnelle

---

[258] J. Larché, A. Carle, « La sécurité est-elle devenue le nouveau paradigme identitaire des humanitaires ? », *Humanitaire,* n° 16, 2007.
[259] Somalie, Darfour, République Démocratique du Congo, Irak, Afghanistan, Pakistan, Sri Lanka, Palestine, Liberia, Syrie…

» consistant à monter à bord, à maîtriser l'équipage et à dérober les biens de valeur, est en passe d'être supplantée par une forme beaucoup plus agressive, à l'aide de vedettes rapides remorquées jusqu'au large (parfois jusqu'à 600 milles des côtes) par des bateaux-mères, et s'emparant de l'équipage et de la cargaison. Ces nouveaux *modus operandi* sont contrôlés par les organisations criminelles, structurées par les clans et les familles, notamment au Puntland où plusieurs groupes distincts de pirates ont déjà été identifiés, et qui ont déjà engrangé des dizaines de millions de dollars. Dans le même temps, ces attaques ont des conséquences humanitaires directes pour les populations somaliennes et celles des pays limitrophes. En effet, le détournement dans le golfe d'Aden, depuis 2005, des navires du PAM, équivaut à la quantité nécessaire pour nourrir plus d'un million de personnes. En plus de l'insécurité qu'elles génèrent, ces activités délictueuses affaiblissent le difficile processus de reconstruction politique en cours, tout comme les institutions somaliennes, incapables de lutter efficacement contre ces trafics. Face à cette situation, de nombreux pays européens (Allemagne, Belgique, Espagne, France, Grèce, Pays-Bas, Royaume-Uni, Suède) et non européens (Chine, États-Unis, Inde, Japon, Russie) ont décidé d'envoyer des bâtiments militaires pour protéger leurs navires marchands. En décembre 2008, l'UE a lancé l'Opération navale « Atalante » pour lutter contre la piraterie maritime dans l'océan Indien, mobilisant plusieurs pays dont la France. Toutefois, les opérations contre-insurrectionnelles maritimes que de nombreux pays initient contre la néo-piraterie somalienne cachent mal la lutte tacite qui s'engage pour contrôler les voies de communication allant du détroit de Babel Manded au détroit de Malacca, artères du commerce mondial maritime. Outre les risques d'augmentation du prix du baril de pétrole, ces attaques de piraterie maritime imposent la révision, ou en tout cas le réexamen, du cadre juridique du droit de la mer composé pour l'instant de deux textes partiellement ratifiés par les pays concernés. Les histoires médiatisées de pirates somaliens – risquant théoriquement la prison à vie, car extradés vers des juridictions françaises, hollandaises ou américaines – portent en elles le risque d'une justice occidentale de substitution perçue comme partiale, aboutissant à une majoration de la perception négative somalienne à l'égard du monde occidental.

L'opération « Atalante » de l'UE, comme celles menées par l'OTAN, apparaissent comme des solutions symptomatiques ne répondant pas aux causes sous-jacentes expliquant la réapparition de cette néo-piraterie du XXIe siècle. Ces causes sont nombreuses et complexes : pillage préalable des ressources de pêche locale par les compagnies occidentales en mer Rouge, poursuite du conflit en Somalie réalimenté et déstabilisé par l'incursion éthiopienne, désespoir économico-politique du peuple somalien, mainmise par des groupes locaux organisés et structurés (à la fois dans leur dimension mafieuse et clanique). Il paraît ainsi difficile d'aborder ce phénomène de piraterie au large du golfe d'Aden sans parler aussi des populations civiles somaliennes, de leurs difficultés d'accès aux soins ou à la nourriture, comme du conflit qui oppose le gouvernement fédéral de transition aux mouvements insurgés *Al Chabab* (la jeunesse) et *Hizbul islam* (parti islamique). Face à cette problématique transnationale, les gouvernements occidentaux ont fait le pari d'une approche intégrée, qui sous-tendrait que l'objectif politique doive devenir « cohérent » et identique pour tous. La multiplicité des déterminants de cette néo-piraterie impose, au contraire, une réponse multidimensionnelle (sécuritaire peut-être, mais surtout politique, économique, anthropo-sociologique et humanitaire), où des objectifs potentiellement contradictoires peuvent coexister et cohabiter, mais ne pas être liés. Il s'agit de toute évidence d'un enjeu franchissant les frontières de l'océan Indien, car il interroge aussi bien les limites des stratégies contre-insurrectionnelles des forces armées traditionnelles en situation asymétrique, que la réelle volonté politique des États à résoudre des situations, et non simplement les contenir.

Le modèle humanitaire occidental, tel que nous le connaissons, est sans doute à la croisée des chemins. Si sa puissance financière paraît aujourd'hui incontestable, celle-ci s'est accompagnée non seulement d'un déclin du respect des principes qui l'ont fondé, mais également d'une subordination toujours plus grande aux logiques de marché et à la volonté normative des agents étatiques et autres instances supranationales. Motivés par la recherche d'une plus grande efficience et d'une redevabilité affichée, les bailleurs de fonds ont exigé la mise en place quasi-systématique de consortia d'ONG, privant les petites organisations de sources de financement. A l'instar de l'apparition des fusion-concentrations d'ONG du Nord, toutes ces pratiques obéissent clairement à des logiques néolibérales et illustrent parfaitement ce nouveau « *nexus humanitaire-globalisation* »[260]. La prééminence de ces techniques managériales a participé à la dé-légitimation politique du métasystème humanitaire occidental, et favorisé les clivages Nord-Sud. De nouvelles volontés d'actions et d'organisations propres aux pays du Sud et aux pays émergents (comme l'Inde, la Chine[261] ou le Brésil), ont pris forme avec des revendications multiples (culturelles, identitaires, religieuses, opérationnelles…). Cette émancipation inéluctable s'accompagne de visions différentes sur ce que représente – et doit être – une « *action humanitaire* », érodant le caractère universel de ses valeurs, et amenant un peu plus les différents acteurs sur un champ de confrontation. Perte des principes, de la capacité d'inflexion politique, de la profondeur de champ opérationnelle, de l'indépendance financière, mais aussi perte de diversité et de complémentarité structurelle, au profit d'un ensemble monochrome, technicisé et standardisé. Tel est le préoccupant constat que l'on peut faire de l'empire humanitaire occidental en ce début de XXIe siècle.

Définir une nouvelle voie humanitaire, celle de l'*humanitaire complexe*, constitue une ouverture au champ de l'anthropolitique[262], c'est-à-dire l'ambition de comprendre le monde qui a émergé ces dernières décennies. À défaut d'une grande théorie sociale unificatrice, seul un désenclavement des disciplines, des savoirs et des hommes qui les possèdent, peut aider à y parvenir. Les acteurs humanitaires doivent sans doute faire l'effort de ré-humaniser des pratiques de plus en plus technicisées et dépolitisées, de les enrichir de façon plus systématique par l'apport des sciences sociales, et de réduire leur biopouvoir

---

260 A. Donini, « Metafunctions of humanitarism in a globalized world », *Disasters*, 34 (suppl 2): 2010.

261 A. Binder, B. Conrad, « China's potential role in humanitarian assistance », n° 5, Global Public Policy Institute, 2009.
http://www.disastergovernance.net/fileadmin/gppi/Binder_Conrad_2009_CHN_in_Hum_Assis.pdf

262 E. Morin, *Introduction à une politique de l'homme*, Seuil, Paris, 1965.

normatif, illustré par les critères de SPHERE ou les processus de certification[263]. En l'absence de changement de cap, les logiques professionnalisantes, strictement corsetées dans des protocoles et des interdits, feront mourir progressivement ce « *core* » humanitaire, âme imparfaite un peu brouillonne mais qui a néanmoins construit l'humanitaire moderne occidental. L'efficacité et les indicateurs affichés seront peut-être rassurants pour ceux qui n'auront qu'un regard extérieur, ou comptable, de ces actions. Les populations concernées mesureront, par contre, le décalage entre leurs besoins (de santé, de nourriture, mais aussi de dignité) et la seule réponse technique apportée. Il est probable que dans cette logique devenue marchande et contractuelle, le développement de sociétés privées spécialisées dans l'aide et la logistique (en fait, d'anciennes grosses ONG capitalisées par des fonds d'investissement) sera favorisé par les bailleurs de fonds, et deviendra la solution la plus rationnelle pour ces derniers. La politique et la recherche d'une authentique altérité auront alors définitivement cédé la place à la technique et la recherche de la performance. Edgar Morin et sa théorie de la Pensée Complexe peuvent-ils permettre de transformer progressivement le *« sentiment de* […] *complexité »* qui semble paralyser les humanitaires occidentaux en une *« conscience de la complexité »* permettant une meilleure compréhension des contextes, mais aussi un vrai regard critique sur leurs stratégies et leurs pratiques ? Les ONG humanitaires occidentales auront-elles la lucidité et la plasticité nécessaires pour effectuer cette reconquête identitaire, même si réajuster sa place au monde lorsque l'on a été à la tête d'un empire n'est jamais chose aisée ? La réponse inconnue à tous ces questionnements rend donc cette conclusion très provisoire, mais pourra contribuer, je l'espère, à ouvrir et enrichir le débat sur le champ des possibles.

---

263 http://www.schr.info/wp-content/uploads/2013/02/SCHR-Certification-Project-FR.pdf

Liste des acronymes

ACF Action Contre la Faim
AMI Action Médicale Internationale
ACM Actions Civilo-Militaires
ANALP Active Learning Network for Accountability and Performance in Humanitarian Action
AFD Agence Française de Développement
AQMI Al-Qaïda au Maghreb Islamique
BM Banque Mondiale
CIA Central Intelligence Agency
CIMIC Civil-Military Cooperation
CICR Comité International de la Croix Rouge
CSNU Conseil de Sécurité des Nations Unies
CNT Conseil National de Transition
DCRI Direction Centrale du Renseignement Intérieur
DPSD Direction de la Protection de la Sécurité et de la Défense
DGSE Direction Générale des Services Extérieurs
DIH Droit International Humanitaire
EMSP Entreprises Militaires et de Sécurité Privées
ECHO European Commission Humanitarian Organisation
UNICEF Fond des Nations Unies pour l'Enfance
FMI Fonds Monétaire International
EUFOR Force Européenne au Tchad
FINUL Force Intérimaire des Nations Unies au Liban
MINUSTAH Forces de Maintien de la Paix des Nations Unies en Haïti
GWOT Global War on Terror
HAP Humanitarian Accountability Partnership
IDH Indice de Développement Humain
IFD Institutions de Financement et de Développement
IDPs Internally Displaced People - Personnes déplacées internes
IPOA International Peace Operations Association
ISI Inter-Services Intelligence
IIS Investissement à Impact Social
JEM Justice and Equality Movement
KPK Khyber Pakhtunhwa

MDM Médecins du Monde
MSF Médecins Sans Frontières
MCDA Military-Civil Defense Assets
MAE Ministère des Affaires Etrangères
MNLA Mouvement National de Libération de l'Azawad
MEND Movement for Emancipation of Niger Delta
NWFP North-West Frontiers Provinces
NTIC Nouvelles Technologies de l'Information et de la Communication
NRBC Nucléaire-Radiologique-Biologique-Chimique
ONLF Ogaden National Liberation Forces
OCDE Organisation de Coopération et Développement Economiques
ONU Organisation des Nations Unies
ONU Organisation des Nations Unies
OTAN Organisation du Traité de l'Atlantique Nord
OMS Organisation Mondiale pour la Santé (WHO - World Health Organization)
ONG Organisation Non Gouvernementale
PME Petite(s) et Moyenne(s) Entreprise(s)
PESD Politique Européenne de Sécurité et de Défense
PIB Produit Intérieur Brut
PAM Programme Alimentaire Mondial
PNUD Programme des Nations Unies pour le Développement (UNDP)
PRT Provincial Reconstruction Team (Equipes de Reconstruction Provinciales)
QIP Quick Impact Project (Projet à impact rapide)
RDC République Démocratique du Congo
RSE Responsabilité Sociétale d'Entreprise
SEAE Service Européen pour l'Action Extérieure
SLA-AW Sudan Liberation Army-Abdul Wahid El Nur
SLM/A Sudan Liberation Movement/Army
SPLA-N Sudan People Liberation Army-North
SRF Sudan Revolution Front
TAI Transparency and Accountability Initiatives
TI Transparency International
UE Union Européenne
UNAMID United Nations African Mission in Darfur

UNDSS United Nations Department of Safety and Security
UNFPA United Nations Fund for Population Activities
UNMISS United Nations Mission in South Sudan
UNOCHA/OCHA United Nations Office for Coordination of Humanitarian Action
USAID United States Aid for International Development
WHAM Win Hearts-and-Minds (strategy)
WFP World Food Program (des Nations Unies)

BIBLIOGRAPHIE SELECTIVE

Agier M. Gérer les indésirables : des camps de réfugiés au gouvernement humanitaire. Editions Flammarion, 2008

Albarello S. L'Aide Humanitaire d'Etat. Editions Société des écrivains, 2011

Bearpark A, Schulz S. "The regulation of the private security industry and the future of the market" in: Simon Chesterman and Chia Lenhardt, From Mercenaries to Market: The rise and regulation of Private Militariy Companies. Oxford University Press, 2007

Brauman R. Penser dans l'urgence. Editions du Seuil, 2006

Che Gueverra E. La guerre de guerilla. Editions Flammarion, 2010

Conessa P. La fabrication de l'ennemi. Editions Laffont, 2011

Domergue-Cloarec D., Coppolani A. Des conflits en mutations ? De la guerre froide aux nouveaux conflits. Editions Complexe, 2003

Eberwein W.D. L'action humanitaire : Normes et Pratiques. Editions L'Harmattan, 2011

Edwards M., Hulme D. Beyond the magic bullet: NGO performance and accountability in the post-Cold War World. West Hartford, Kumarian Press.1996

El Karoui H. Réinventer l'Occident. Editions Flammarion, 2010

Engels D. Le déclin. La crise de l'Union Européenne et la chute de la République romaine. Editions du Toucan, 2012

Ethique et médecine des catastrophes, ouvrage collectif. Editions du Conseil de l'Europe, 2002

Finchelstein G. La dictature de l'urgence. Editions Fayard/Pluriel, 2013

Galula D. Contre-insurrection. Théories et pratiques (1963). Editions Economica, 2008

Grimaldi A. et al. Manifeste pour une santé égalitaire et solidaire. Editions Odile Jacob, 2011

Hassner P. La Terreur et l'Empire. Editions Points, 2003

Hoffman P.J., Weiss T.G. Sword and salve. Confronting new wars and humanitarian crisis. Editions Rowman and Littlefield, 2006

Hubac O., Anquez M. L'njeu afghan, la défaite interdite. Editions André Versaille, 2009

Keohane, R., Nye, J., Power and Interdependence, Editions Boston Little Brown, 1977

Kissinger, H., Diplomatie. Editions Fayard, 1996

Klein N. La stratégie du choc. La montée du capitalisme du désastre. 2008. Editions Actes Sud

Lagadec P. Le continent des imprévus. Editions Manitoba/Les belles lettres, 2015

Laroche J. La brutalisation du monde: Du retrait des Etats à la décivilisation. Editions Liber, 2011

Littell J. Carnets de Homs. Editions Gallimard, 2012

Lugan J.C. La systémique sociale. Editions PUF, 2009

Luizard P.J. Le piège Daech. L'Etat islamique ou le retour de l'Histoire. Editions Flammarion, La Découverte, 2015

Magone C., Neuman M., Weissman F. (dir.). Agir à tout prix. Négociations humanitaires : l'expérience de Médecins Sans Frontières. Editions La Découverte, 2011

Mc Leod, A., Le réalisme classique, in Mc Leod, A. et O'Meara, D. (dir), Théories des relations internationales. Contestations et résistances. Editions Athena, 2007

Micheletti P. Humanitaire. S'adapter ou renoncer. Editions Marabout, 2008

Minassian G. Zones Grises : quand les Etats perdents le contrôle. Editions Autrement, 2011

Morin E. Introduction à la pensée complexe. Editions Points, 2005

Morin E. Introduction à une politique de l'homme. Editions Seuil, 1965

Naissance et mort des empires. Ouvrage collectif. Editions Tempus, 2004

Nivat A. Les brouillards de la guerre. Dernière mission en Afghanistan. Editions Fayard, 2011

Pérouse de Montclos M.A. Guerres d'aujourd'hui. Les vérités qui dérangent. Editions Tchou, 2007

Pérouse de Montclos M.A. Les humanitaires dans la guerre. Editions La Documentation Française, 2012

Prahalad C.K., Hart S.L. The fortune at the bottom of the pyramid. Eradicating poverty through profits. Editions Person Prentice Hall, 2006

Rieff D. L'humanitaire en crise. Editions Le Serpent à Plumes, 2002

Rosa H. Accélération. Une critique sociale du temps. Editions La Découverte, 2010

(de) Rosnay J. Surfer la vie. Editions Actes Sud, 2013

Rouillé d'Orfeuil H. La diplomatie non gouvernementale. Editions Charles Leopold Mayer, 2006

Ryfman P. Une histoire de l'humanitaire. Editions La Découverte, 2008

Scahill J. Le nouvel art de la guerre. Editions Lux, 2014

Siméant J., Dauvin P. (Dirs.), ONG et humanitaire. Editions L'Harmattan, 2004

Sogge D. Les mirages de l'aide internationale. Editions Charles Leopold Mayer, 2003

Sur S. Mondialisation et inégalités, in Un monde en miettes. Les relations internationales à l'aube du XXIème siècle. Editions La Documentation Française, 2010

Terestchenko M. L'ère des ténèbres. Editions Le bord de l'eau, 2015

Visser W. Corporate social responsibility in developing countries. In A. Crane, A. McWilliams, D. Matten, J. Moon & D. Siegel (eds.), The Oxford Handbook of Corporate Social Responsibility. Oxford University Press, 2008

Weissman F. (Dir), A l'ombre des guerres justes. Editions Flammarion, 2003

Welzer H. Les guerres du climat. Pourquoi on tue au XXIème siècle. NRF essais. Editions Gallimard, 2008

Withol de Wenden C. La question migratoire au XXIe siècle. Migrants, réfugiés et relations internationales. Editions Les Presses de Sciences Po, 2010

Remerciements

Ecrire cet ouvrage ne m'a été rendu possible que grâce aux rencontres personnelles et professionnelles que la vie a bien voulu mettre sur mon chemin. En France, au Darfour, en Tchétchénie, au Pakistan, en Afghanistan, au Burkina Faso, et dans bien d'autres endroits... Certaines rencontres n'ont pas été des rencontres physiques mais des auteurs dont les lectures m'ont enrichi l'esprit, ouvert les yeux et fait penser différemment. J'ai une pensée toute particulière aussi pour Médecins du Monde, ONG sans laquelle je n'aurais jamais croisé de fidèles compagnons de route ni eu la possibilité, un jour, de pouvoir rédiger cet ouvrage.

En m'excusant par avance auprès de ceux que j'aurais pu oublier, j'exprime toute ma gratitude à ceux qui m'ont ouvert le chemin humanitaire ou l'ont partagé : Patrick Aeberhard, Pierre Micheletti, Joseph Dato, Françoise Parrot, Armelle Leperre, Patrick David, Françoise Jeanson, Marielle Moizan, Giselda Gardano, Boris Martin, Thierry Mauricet, Alain Boinet, Rachid Lahlou, Fabrice Weissman, Louis Guinamard, Jean-Christophe Rufin.

Je tiens à remercier les auteurs dont les écrits m'ont servi de boussole dans les moments d'incertitudes, et de sextant dans les moments d'ignorance : Edgar Morin, Michel Terestchenko, Rony Braumann, Josepha Laroche, Marc Lavergne, Eric Fassin, Patrick Lagadec.

Je souhaite aussi remercier toutes celles et ceux qui ont su déployer patience et bienveillance, lors des relectures de cet ouvrage (car même si je n'ai pas retenu toutes leurs recommandations, leur regard pertinent et critique a été précieux et utile) et m'ont encouragé : Jean-François Daguzan, Elisande Nexon, François Audet, Frédérique Carrié, Armelle Leperre, Veronica Barbosa, Annelise Szwarcfeld, Sandra Fuster, Louis Guinamard, Hubert Pérès, William Geynies, Claude Guibal, Anne Richard.

Une pensée d'amour inaltérable pour mes filles, Justine et Thaïs.

Je suis, bien entendu, seul responsable du texte proposé.

L'HARMATTAN ITALIA
Via Degli Artisti 15; 10124 Torino
harmattan.italia@gmail.com

L'HARMATTAN HONGRIE
Könyvesbolt ; Kossuth L. u. 14-16
1053 Budapest

L'HARMATTAN KINSHASA
185, avenue Nyangwe
Commune de Lingwala
Kinshasa, R.D. Congo
(00243) 998697603 ou (00243) 999229662

L'HARMATTAN CONGO
67, av. E. P. Lumumba
Bât. – Congo Pharmacie (Bib. Nat.)
BP2874 Brazzaville
harmattan.congo@yahoo.fr

L'HARMATTAN GUINÉE
Almamya Rue KA 028, en face
du restaurant Le Cèdre
OKB agency BP 3470 Conakry
(00224) 657 20 85 08 / 664 28 91 96
harmattanguinee@yahoo.fr

L'HARMATTAN MALI
Rue 73, Porte 536, Niamakoro,
Cité Unicef, Bamako
Tél. 00 (223) 20205724 / +(223) 76378082
poudiougopaul@yahoo.fr
pp.harmattan@gmail.com

L'HARMATTAN CAMEROUN
TSINGA/FECAFOOT
BP 11486 Yaoundé
699198028/675441949
harmattancam@yahoo.com

L'HARMATTAN CÔTE D'IVOIRE
Résidence Karl / cité des arts
Abidjan-Cocody 03 BP 1588 Abidjan 03
(00225) 05 77 87 31
etien_nda@yahoo.fr

L'HARMATTAN BURKINA
Penou Achille Some
Ouagadougou
(+226) 70 26 88 27

L'HARMATTAN SÉNÉGAL
10 VDN en face Mermoz, après le pont de Fann
BP 45034 Dakar Fann
33 825 98 58 / 33 860 9858
senharmattan@gmail.com / senlibraire@gmail.com
www.harmattansenegal.com

Achevé d'imprimer par Corlet Numérique - 14110 Condé-sur-Noireau
N° d'Imprimeur : 137510 - Dépôt légal : avril 2017 - *Imprimé en France*

www.ingramcontent.com/pod-product-compliance
Lightning Source LLC
LaVergne TN
LVHW010925061026
849535LV00007B/2235
* 9 7 8 2 3 4 3 1 1 5 8 3 2 *